Träume wie
niemals zuvor!

1. Auflage Dezember 2023
© 2023 by ICF Media GmbH, Zürich, Schweiz

Bibliografische Information der Deutschen Nationalbibliothek
Die Deutsche Nationalbibliothek verzeichnet diese Publikation in der Deutschen Nationalbibliografie; detaillierte bibliografische Daten sind im Internet über www.dnb.de abrufbar.

Bibliografische Information der Schweizerische Nationalbibliothek
Die Schweizerische Nationalbibliothek verzeichnet diese Publikation in der Schweizerische Nationalbibliografie; detaillierte bibliografische Daten sind im Internet über www.helveticat.ch abrufbar.

Die Bibelzitate stammen aus folgenden Ausgaben:
Bibeltext der Neuen Genfer Übersetzung – Neues Testament und Psalmen © 2011 Genfer Bibelgesellschaft
Die Bibel nach Martin Luthers Übersetzung, revidiert 2017, © 2016 Deutsche Bibelgesellschaft, Stuttgart.
Einheitsübersetzung der Heiligen Schrift © 2016 Katholische Bibelanstalt GmbH, Stuttgart.
Elberfelder Bibel 2006, © 2006 by SCM R.Brockhaus in der SCM Verlagsgruppe GmbH, Witten/Holzgerlingen
Gute Nachricht Bibel, durchgesehene Neuausgabe, © 2018 Deutsche Bibelgesellschaft, Stuttgart
Hoffnung für alle © 1983, 1996, 2002, 2015 by Biblica, Inc.
Lutherbibel 1912 © 2018 Deutsche Bibelgesellschaft, Stuttgart
Neue evangelistische Übersetzung, © 2023 by Karl-Heinz Vanheiden (Textstand 2023.01)
Neues Leben. Die Bibel © der deutschen Ausgabe 2002 / 2006 / 2017 SCM R.Brockhaus in der SCM Verlagsgruppe GmbH, Max-Eyth-Str. 41, 71088 Holzgerlingen
The Passion Translation®. Copyright © 2017, 2018, 2020 by Passion & Fire Ministries, Inc.

Ghostwriting: Detlev Reich
Lektorat: Dave Kull
Korrektorat: Barbara Bachmann, Chloé Schmid, Gloria Kull
Mitarbeit: Gloria Kull, Stefan Bigger

Layout, Gestaltung & Art Direction: Dania Wippermann, Silas Pohl
Satz: Dania Wippermann
Gestaltung Kapiteltitelseiten: Alissa Reiss, Alexander Gorling, Anita Probst, Deborah Schär, Ella Frisen, Elena Müller, Elansa Schütze, Emanuel Kolb, Fabienne Sita, Florin Flammer, Jonas Schudel, Kimberly Rachel Sneep, Kerstin Toepel, Leena Pfister, Levi Schölkopf, Lennox Lämmle, Michaela Dengler, Nadja Kuhn, Sonja Röllinghoff, Sora Bungenberg, Steffi Dillmann, Susanna Bigger, Sindy Födisch, Taissir Rhaiem, Thomas Schütze, Tosca Santangelo

Druck: Finidr
Gedruckt in der Tschechischen Republik

ISBN 978-3-03750-052-1

Auch als eBook erhältlich:
ISBN: 978-3-03750-056-9 (epub)

icf.church/träume-wie-niemals-zuvor

Inhalt

Die Kraft der Träume	9
Welche Träume hast du?	17
Glaube weiter	25
Vom Traum zur Bestimmung	33
Neid und Drama	41
Sei nicht stolz	47
Wenn alles anders kommt	55
Fehler in der Geschichte	61
Schmerz loslassen	67
Gottes Gunst ist mit dir	73
Vor deinen Füßen	79
Versucht und bestanden	85
Gefangen und vergessen	93
Sei ein Segen	101
Wie deutet man Träume?	109
Wenn Veränderungen Zeit brauchen	117
Überwinde dein Unmöglich	125
Gottes Handeln	133
Der Durchbruch geschieht über Nacht	141
Neuanfang	149
Gewissen – belastet und beladen	157
Prüfung – geläutert und bestanden	163
Vergebung	171
Versöhnung	177
Vom Test zum Zeugnis	183
Gottes Umwege	189
Extra beschenkt	195
Vaterliebe – geliebt und gesegnet	201
Lebe mit Gott im Jetzt	207
Was Gott beschlossen hat, das steht fest	213
Hoffnung über den Tod hinaus	219

Einleitung

Willkommen zu einem Buch, das dich auf eine Reise mitnimmt, auf der du deine größten Lebensträume entdecken und verwirklichen kannst. Inspiriert von der biblischen Geschichte des Josef wollen wir dir Schritt für Schritt helfen, deinen gottgegebenen Traum zu finden und zu verfolgen, egal wie groß oder scheinbar unerreichbar er auch sein mag.

Gott aber kann viel mehr tun, als wir jemals von ihm erbitten oder uns auch nur vorstellen können. So groß ist seine Kraft, die in uns wirkt.
Epheser 3,20 | Die Bibel, Hoffnung für alle

„Erwartet große Dinge von Gott und tut große Dinge für Gott!"
William Carey

Aber darf man als Christ große Träume haben? Woher weiß ich, dass mein Traum auch Gottes Traum ist? Brauche ich überhaupt einen Traum für mein Leben? Vielleicht denkst du, dass du nicht für Größeres geschaffen bist und dass du in deinem Leben nie etwas Außergewöhnliches erreichen wirst. Aber heute ist der Tag, an dem du anfangen kannst, mit Gott zu träumen und das zu empfangen, was er für dich bereithält, um darin zu leben. Vertraue darauf, dass Gott einen wunderbaren Plan für dein Leben hat.

Josef, eine der wichtigsten Gestalten des Alten Testaments, hatte eine unerschütterliche Hingabe an Gott und einen starken Glauben an seine Träume, trotz der Herausforderungen, die er auf seinem Weg zum Erfolg meistern musste. Seine Geschichte zeigt uns, dass der Weg zur Verwirklichung unserer Träume nicht immer einfach ist. Indem wir Josefs Leben betrachten und seinen Weg auf unser eigenes Leben übertragen, möchten wir dich ermutigen, deinen Traum zu erkennen, ihn zu verfolgen und trotz Rückschlägen und Enttäuschungen daran festzuhalten. Wir glauben, dass das Leben mit Gott ein großes und wunderbares Abenteuer ist. Wir glauben, dass jeder von uns ein einzigartiges Ziel und eine Mission hat, die darauf warten, entdeckt und verwirklicht zu werden. Die Verwirklichung unserer Träume kann unserem Leben eine völlig neue Richtung geben und Erfüllung, Freude und Sinn verleihen.

Jesus ist auf diese Erde gekommen, um den Weg zu Gott freizumachen. Er hat diesen hohen Preis aus Liebe zu uns Menschen bezahlt. Und er hat das nicht getan, um uns ein durchschnittliches Leben zu schenken, sondern ein Leben voller Segen. Darum kannst du deine Träume mit Glauben und Begeisterung angehen.

Wie kann man dieses Buch lesen?
Dieses Buch ist eine Schritt-für-Schritt-Anleitung, um die Träume zu entdecken und zu verfolgen, die Gott in dich hineingelegt hat.

Am besten machst du dich zuerst mit der biblischen Geschichte von Josef vertraut. Du findest sie in 1. Mose 37-50. Nimm dir Zeit, die ganze Geschichte in der Bibel im Zusammenhang zu lesen. Vor jedem Kapitel in diesem Buch findest du Bibelstellen, die angeben, welchen Teil der Geschichte wir uns genauer anschauen wollen. So kannst du deine Bibel parallel zu diesem Buch lesen.

Unser Wunsch ist, dass du den Traum entdeckst, den Gott in dein Herz gelegt hat, und dass du anfängst, die richtigen Schritte zu tun, um ihn zu verwirklichen. Dieses Buch soll dir dabei helfen. Denn wenn du lebst, was Gott für dich vorgesehen hat, wirst du dich, deine Umgebung und die Ewigkeit verändern.

Außergewöhnliche Träume werden nur dann wahr, wenn gewöhnliche Menschen bereit sind, Außergewöhnliches zu wagen. Denn Gott sucht gewöhnliche Menschen, die an einen außergewöhnlichen Gott glauben.

Gottes Segen
Leo & Susanna

Der Erlös dient der Vision von ICF Zürich

Der Erlös dieses Buches geht nicht an uns als Autoren, sondern dient vollumfänglich der Vision von ICF Zürich. Wir wollen sehen, wie Menschen Jesus Christus ähnlicher werden, furchtlos leben und ihr Umfeld positiv verändern.

> Außergewöhnliche Träume werden nur wahr, wenn gewöhnliche Menschen bereit sind, Außergewöhnliches zu wagen. Denn Gott sucht gewöhnliche Menschen, die an einen außergewöhnlichen Gott glauben. Wir beten und glauben, dass dieses Buch dich ermutigt, Gottes Träumen für dein Leben zu folgen.

Leo Bigger

Die Kraft der Träume
1. Mose 37,1-11

„Wenn deine Träume dir keine Angst machen, sind sie nicht groß genug."
Jorge Bucay, argentinischer Autor und Psychiater

Wenn Gott dich auserwählt
Als ich (Leo) 18 Jahre alt war, spielte ich mit meinen Freunden in einer Hardrock-Band.

Da unser Übungsraum in der katholischen Kirche war, erhielten wir eines Tages vom Priester die Anfrage, ob wir nicht an einem Familiengottesdienst zwei Lieder spielen wollten und ich noch für ein paar Minuten etwas aus meinem Leben erzählen möchte. Der Sonntag kam und wir spielten die Lieder mit großer Begeisterung und meine kurze Rede gefiel den Anwesenden offenbar. Denn nach dem Gottesdienst kamen einige Leute auf mich zu und sagten: „Vielen Dank für deine eindrücklichen Worte und die schönen Lieder. Wenn Kirche immer so wäre, würde ich auch mehr die Gottesdienste besuchen. Und bestimmt geht es anderen auch so." Eine Frau meinte: „Junger Mann, verlieren Sie nicht die Begeisterung, mit der Sie gesprochen haben! Das hat mich so stark berührt wie noch nie." Die Worte trafen mitten in mein Herz, und ich fragte mich: „Was ist bloß los, dass so viele Leute berührt wurden und eine neue Hoffnung erhielten?"

Als ich am Abend in meinem Bett lag, liefen der ganze Tag und die Worte nochmals wie ein Film vor meinem inneren Auge ab. Auf einmal wurde mir bewusst, dass die Menschen, die nicht in die Kirche kommen, nicht den Glauben an Gott, die Bibel und die Lieder schlecht finden, sondern die Verpackung, in der das Ganze herüberkommt. Plötzlich wurde mir bewusst, dass die Leute in der Kirche sitzen und gar nicht mehr verstehen, um was es eigentlich geht, weil weder die Predigt noch der ganze Ablauf etwas mit den Leuten zu tun haben.

An diesem Abend merkte ich, wie in mir ein gewaltiger Traum begann, Form anzunehmen. Ich träumte, wie die Begrüßung, die Lieder und die Predigt sein müssten, damit die Menschen wieder in Scharen in die Kirche gehen würden. Und schließlich traf ich die Entscheidung, mein ganzes Leben in die Kirche zu investieren. Ich würde aus der Bibel predigen, dabei jedoch in der Sprache der Leute reden und ihnen konkret helfen, ihr Leben anzupacken. Dazu sollten Lieder gesungen werden, deren Rhythmus und Texte die Anwesenden berührten und eine Atmosphäre entstehen ließen, in der man sich wohl fühlen konnte. Inzwischen ist dieser Traum in vielfacher Hinsicht schon im ICF Zürich Wirklichkeit geworden. Doch er ist noch lange nicht zu Ende. Und all das macht mir Mut, dass Gott am Wirken ist und zu seinem Wort steht.

Zweifle nie an Gottes mächtiger Kraft, die in dir wirkt. Er wird deine größten Bitten, deine unglaublichsten Träume und deine wildesten Vorstellungen übertreffen! Gottes Geist kann unendlich viel mehr erreichen und vollbringen, denn seine wundersame Kraft versorgt dich ständig mit Energie.
Epheser 3,20 | Die Bibel - übersetzt von The Passion Translation

Dieser Traum von Kirche begleitet mich nun schon Jahrzehnte und gibt mir immer wieder Kraft, weiterzumachen. Die Welt steht immer wieder vor Umbrüchen und Veränderungen. Wie muss heute die Kirche sein, damit sie die Menschen für Jesus Christus erreicht? Wie muss eine Kirche digital und online aufgebaut werden, damit sie den Menschen begegnen kann, wo sie sind: ob zuhause, unterwegs, in kleinen Gruppen oder in einem Kirchengebäude?

All das macht mich demütig und beschämt mich fast ein wenig. Denn wenn ich mein Leben anschaue und sehe, was Gott daraus macht, entdecke ich: Gott hat die Tendenz, einen Niemand auszusuchen, der zu einem Jemand vor vielen Menschen wird. Das tat er bei Josef, das tat er bei mir und das wird er auch bei dir tun.

Nicht ihr habt mich erwählt, sondern ich habe euch erwählt. Ich habe euch dazu bestimmt, dass ihr euch auf den Weg macht und Frucht bringt – Frucht, die bleibt. Dann wird euch der Vater alles geben, worum ihr ihn in meinem Namen bittet.
Johannes 15,16 | Die Bibel, Hoffnung für alle

Als Gott Josef auserwählte
In der Geschichte von Josef fällt unser Fokus als Erstes auf seinen Traum. Die Geschichte von Josef und seinen Träumen in der Bibel hat mehrere Aspekte, die es zu entdecken gilt. Da ist er, der Lieblingssohn unter seinen Brüdern. Er wird überschüttet mit Wohlwollen und bekommt den berühmten und wertvollen Mantel von seinem Vater geschenkt, denn dieser liebt ihn mehr als alle seine Geschwister.

Jakob liebte Josef mehr als die anderen Söhne, weil er ihn noch im hohen Alter bekommen hatte. Darum ließ er für ihn ein besonders vornehmes und prächtiges Gewand anfertigen. Natürlich merkten Josefs Brüder, dass ihr Vater ihn bevorzugte. Sie hassten ihn deshalb und konnten kein freundliches Wort mehr mit ihm reden.
1. Mose 37,3-4 | Die Bibel, Hoffnung für alle

Und gerade nach seinem tollen Geschenk träumt Josef davon, etwas ganz Besonderes zu sein. Etwas Besseres. Sein Traum handelt davon, dass sich seine Brüder und die ganze Familie vor ihm verneigen. Das Bild im Traum von den Getreideähren und den Gestirnen am Himmel, die sich alle vor Josef verneigen, würden die heutigen Psychologen sicherlich als Verarbeitungstraum deuten. Denn wenn der eigene Vater einen so bevorzugt und beschenkt, kann das einem zu Kopf steigen. Doch da passiert noch mehr, als man auf den ersten Blick zu sehen bekommt. Gott hat etwas mit Josef vor und zeigt ihm mit diesem Traum einen kleinen Ausschnitt davon.

Dieser Ausschnitt hat ihn sicherlich stark angesprochen. Er war zu dieser Zeit noch recht jung und, wie wir später im Text noch lesen werden, recht unreif. Aber für Gott war das kein Problem. Er wollte Josef gebrauchen, um viele Jahre später seiner Familie und dem Volk Israel in der Not zu helfen. Gott schenkte Josef später Ansehen und auch Macht, um etwas Großartiges zu bewirken. Der Teenager, der er zur Zeit seines Traumes war, sah vielleicht nur die Macht und die Ehrerbietung, statt das, was damit Gutes bewirkt werden könnte. Aber das würde sich nach und nach ändern. Gott kannte Josef und hatte einen Weg für ihn vorbereitet. Der Traum zeigte ihm einen Ausschnitt davon und spornte ihn an. Aber es war und blieb ein Ausschnitt.

In einem Traum von Gott erhalten wir oft nicht das komplette Bild. Ähnlich wie bei dem Spiel, bei dem man nur einen kleinen Bruchteil des Bildes sieht und erraten muss, was das Ganze zeigt, können wir vielleicht nur erahnen, worum es wirklich geht. Eine Vision, einen Traum oder Ziele zu haben, ist etwas Wunderbares. Sie schenken uns einen Blick für das, was werden kann. Dieser Ausschnitt der Zukunft gibt uns Kraft, denn wir können schon heute sehen, was noch werden soll.

Alle haben Träume
Vielleicht fällt es dir schwer, einen genauen Traum in deinem Leben auszumachen. Eines musst du wissen: Es gibt keinen Menschen auf der Welt, dem Gott nicht die Fähigkeit des Träumens mit auf den Weg gegeben hätte. Wenn es dir vielleicht schwerfällt, dann schaue dir deinen winzigen kleinen Ausschnitt jetzt einmal genauer an. Worum geht es da? Was hat Gott dir aufs Herz gelegt? Was ist dein Ausschnitt der Zukunft? Wie sieht dieser aus? Was hat Gott dir offenbart in deinem Traum? Tue deinen Traum nicht einfach als einen „Verarbeitungstraum" oder verrückte Spinnerei ab. Geh dem aktiv nach. Menschen haben Angst vor all dem, was ihre Denkkategorien übersteigt. Und statt sich mit einem Traum auseinanderzusetzen, lassen sie sich lieber tausend Gegenargumente einfallen.

Vielleicht fühlt sich dein Traum unsicher und noch nicht klar an. Das ist kein Problem. Denn du bist mit Gott unterwegs. Wo auch immer du gerade stehst: Habe keine Angst und setze dich damit auseinander, egal ob dein Traum nur vage ist oder glasklar. Du bist voller Potenzial und Gott gibt dir eine Vision, einen Traum, ein Ziel.

Die Angst sagt: Was wäre, wenn?
Gott sagt: Selbst, wenn

Der Traum wird sichtbar
Ich bin Gott von Herzen dankbar, dass er mich gebraucht hat, die ICF-Kirche aufzubauen. Schon als Teenager durfte ich es vor meinem inneren Auge sehen. Aber was Gott in den letzten Jahrzehnten getan hat, übertrifft alle meine Vorstellungen! Wer hätte gedacht, dass wir heute in der modernsten Halle der Schweiz Gottesdienste feiern können, im Fernsehen und online unsere Predigten ausstrahlen dürfen und tausende von Menschen bei uns Gott begegnen dürfen. Von den Anstrengungen und Schwierigkeiten, die mit all dem verbunden sind, wusste ich zum Glück auch noch nichts. Wer weiß, was ich sonst getan hätte. Gott kennt mich ja. Genauso wie er Josef kannte und auch dich. Er weiß, was uns motiviert, dranzubleiben. Denn hinter all dem steckt sein wunderbarer Auftrag für uns. Und daraus wächst ein volles und erfülltes Leben für dich und dein Umfeld.

Und noch etwas: Der Traum von Josef half ihm, den Fokus nicht zu verlieren. Er half ihm, durch seine Schwierigkeiten zu gehen, weil er darauf vertraute, dass Gott seine Zukunft in den Händen hielt. Genauso darfst du darauf vertrauen, dass wenn Gott dir eine Zusage macht, er diese auch erfüllen wird!

Das Gras verdorrt, die Blumen verwelken, aber das Wort unseres Gottes bleibt gültig für immer und ewig.
Jesaja 40,8 | Die Bibel, Hoffnung für alle

Indem du dieses Buch ausgewählt hast, hast du bereits auf etwas reagiert, das Gott in dir bewegt hat. Eine Sehnsucht erwacht bei dir – lass sie zu! Wenn du Zeit mit Gott verbringst, nimm einen Stift und ein Notizbuch mit, um auf seine Stimme zu hören und zu üben, zu hören, was er für dich bereithält. Sprich mit Gott über deine Träume und Ziele.

Schreibe deinen Traum auf
Anfang des Jahres hatte ich (Susanna) mir ein paar Jahresziele gesetzt. Als ich neulich Zeit mit Gott verbrachte, kam Gott plötzlich auf dieses Thema zu sprechen. Ich hatte meine Ziele und Träume fürs Jahr nämlich so gut wie vergessen. Jesus sagte dann zu mir: „Wenn du sie ernst nimmst, werde auch ich sie ernst nehmen!" Mein recht bescheidener Antrieb hatte sich darin gezeigt, dass ich sie nicht einmal niedergeschrieben hatte.

Die meisten haben schon davon gehört, dass es wichtig ist, Dinge aufzuschreiben, aber oft tun sie es trotzdem nicht. Es gibt viele Studien darüber, dass die Wahrscheinlichkeit, die eigenen Ziele zu erreichen, markant steigt, wenn man sie aufschreibt. Gott weiß, wie wichtig dies für uns ist.

Da antwortete mir der Herr und sagte: „Was ich dir jetzt zeigen werde, sollst du säuberlich auf Tafeln schreiben, damit es jeder mühelos im Vorbeigehen lesen kann."
Habakuk 2,2 | Die Bibel, Neues Leben

Ein kleines Experiment
Ich habe mich schließlich entschieden, meine Ziele aufzuschreiben. Aber nicht nur einmal, sondern jeden Tag, für 30 Tage! „Warum macht man sowas?", fragst du dich vielleicht. Lass mich dir sagen, was bei mir passiert ist: Nach sieben Tagen musste ich meine Ziele nicht mehr abschreiben, sondern ich wusste sie auswendig. Am achten Tag spürte ich in meiner Zeit mit Gott, wie sich der Glaube mit meinen Zielen verband. Nach etwa 20 Tagen kamen mir die Ziele beim Beten in den Sinn und ich konnte sie aus tiefstem Herzen zu Gott bringen. Am Tag 27 merkte ich, wie ich bereits jedem Ziel ein Stück näher gekommen war. Ich spürte aber auch, dass bei jedem Thema riesige Mauern vor mir standen. Ich brauchte göttliche Durchbrüche und Wunder. Und dann begann ich, für konkrete Anliegen zu fasten.

Du siehst, mein Traum und meine Ziele haben mich in die Arme Gottes getrieben. Sie haben mich dazu ermutigt, mich selbst damit auseinanderzusetzen, aber auch Gottes übernatürliche Wunder zu erwarten.

Deine Aufgaben
Nimm dir nun etwas Zeit, um die folgende Frage zu beantworten und die Aufgabe zu bearbeiten.
  − Welchen Ausschnitt der Zukunft zeigt dir dein Traum?
  − Schreibe deinen Traum / deine Ziele während den nächsten 30 Tagen jeden Tag auf.

Gebet
Lieber Vater im Himmel. Ich danke dir, dass du mir die Fähigkeit gegeben hast, zu träumen. Du sprichst gerade auch dadurch zu mir. Ich bitte dich, dass du mir hilfst, diesen Ausschnitt aus der Zukunft besser zu verstehen. Alle meine Angst und Unsicherheit, dem Traum nachzugehen, gebe ich dir. Denn ich weiß, dass du mit mir bist.
Amen

Welche Träume hast du?
1. Mose 37,1-11

Wenn du deinem Traum folgen und in deine Bestimmung kommen willst, musst du mit Gegenwind rechnen. Warum ist das so? Es kann sein, dass deine Mitmenschen nicht sehen wollen, wie du deinen Traum verwirklicht siehst. Denn das würde sie mit ihren eigenen unerfüllten Hoffnungen und Träumen konfrontieren. Oder es kann sein, dass andere um dich herum nicht sehen können, wie die Zukunft, die du vor deinem inneren Auge bereits siehst, jemals wahr werden sollte.

Aber alles, was jemand erfunden hat, fing mit einem Traum an. Jede große Errungenschaft nahm zuerst die Gestalt eines Traumes an. Jemand glaubte daran, setzte es um und heute ist „es" normal.

„Ich denke, dass es einen Weltmarkt für vielleicht fünf Computer gibt."
Thomas Watson, CEO von IBM, 1943

„Der Fernseher wird sich auf dem Markt nicht durchsetzen. Die Menschen werden sehr bald müde sein, jeden Abend auf eine Sperrholzkiste zu starren."
Darryl F. Zanuck, Chef der Filmgesellschaft 20th Century-Fox, 1946

„Es gibt keinen Grund dafür, dass jemand einen Computer zu Hause haben wollte."
Ken Olson, Präsident von Digital Equipment Corp., 1977

Träume sind ein Auftrag von Gott

Gibst du dir die Erlaubnis zu träumen? Es fängt bei dir und deinen Gedanken an. Viele Menschen verbieten sich selbst, Träume zu haben. Sie haben Angst davor, enttäuscht zu werden und beginnen noch nicht einmal mit dem ersten Schritt. Andere wiederum haben Angst, stolz zu werden. Oder sie stellen sich die Frage, ob es ihr eigener Traum oder Gottes Traum ist. Und so tun viele lieber nichts, anstatt etwas falsch zu machen. Aber wir möchten dich ermutigen: Träume wie niemals zuvor! Lass dich dabei nicht von Angst leiten, sondern vom Geist Gottes.

Denn Gott hat uns nicht einen Geist der Ängstlichkeit gegeben, sondern den Geist der Kraft, der Liebe und der Besonnenheit.
2. Timotheus 1,7 | Die Bibel, Neue Genfer Übersetzung

Du musst nicht die perfekte Vision für die Zukunft haben. Nimm das, was Gott dir sagt. Und gehe die ersten Schritte. Vielleicht misstraust du dir selbst und hinterfragst deine Motivation. Du wirst in der Geschichte von Josef sehen, wie er durch drei Phasen hindurch in seine Bestimmung hineingewachsen ist. Und die Chancen stehen gut, dass es bei dir genauso ist.

Die drei „Josef-Phasen"
– Am Anfang geht es immer nur um mich.
– Es geht immer nur um mich – meinen wir.
– Am Ende geht es immer nur um Gott.

Entscheidend ist es, dass du dir erlaubst zu träumen und vorangehst, unabhängig davon, ob deine Motivation komplett richtig ist. Denn, es ist wie mit einem Auto: Sobald es sich in Bewegung setzt, kannst du es auch aktiv steuern.

Wie Gott etwas ins Herz legt

Ich (Susanna) erinnere mich an den Moment, als Leo, nur zwei Wochen nach Beginn unserer Freundschaft, mich nach meinen Zukunftsplänen fragte. Ich war unsicher und antwortete ihm mit einem „Ich weiß nicht". Daraufhin fragte er mich: „Kannst du dir vorstellen, die Frau eines Evangelisten zu werden?" Ich hatte großen Respekt vor dieser Aufgabe, aber ich spürte auch, dass mein Leben so in eine Richtung gehen würde, die ich befürwortete – mein Leben um Gott zu planen und nicht umgekehrt. Wenn ich ihm nicht zugestimmt hätte, hätte es das Ende unserer Freundschaft bedeutet, so entschlossen war Leo damals, diesen Weg zu gehen. Und er ist es bis heute geblieben. Und das ist eine Eigenschaft, die ich an ihm sehr schätze. Später, als wir bereits verlobt waren und im Auto unterwegs waren, sagte er aus dem Nichts: „Eines Tages wirst du mit mir auf der Bühne stehen und predigen!" Ich konnte mir das überhaupt nicht vorstellen, da ich so unsicher war und Angst hatte, vor Menschen zu sprechen. Aber ich beschloss, das einfach mal so stehen zu lassen.

Obwohl dies zwei starke Berufungsmomente waren, erlebte ich sie damals gar nicht so. Ich denke, das liegt daran, dass ich noch unsicher und unerfahren war. Aber im Rückblick erkenne ich, dass Gott mich durch diese Momente geführt hat und ich bin dankbar für die Möglichkeit, in seinem Dienst zu stehen.

Leo hatte bereits eine klare Vision für sein Leben. Es war, als ob er wusste, wohin er gehen würde, während ich noch nicht einmal wusste, dass Gott etwas in mich gelegt hatte, das ich weitergeben konnte.

In meinem Fall habe ich als Kind davon geträumt, wie es wäre, eine Hotelbesitzerin zu sein und durch die Tischreihen zu gehen, um meine Gäste zu begrüßen und ein paar Worte mit ihnen zu wechseln. Interessanterweise spüre ich jetzt im ICF, wenn ich sonntags im Foyer bin, dass ich genau das tue, was ich als Kind geträumt habe. Ich glaube, dass diese Träume und Wünsche, die wir als Kinder haben, Teil des Traums sind, den Gott für uns hat. Pastorin zu sein, hätte ich mir als Kind niemals vorstellen können. Das war einfach nicht auf meinem Radar.

Wir müssen nicht unbedingt nach einer bestimmten Position suchen, sondern vielmehr daran arbeiten, uns selbst zu sein und zu reifen. Berufung ist ein Prozess, und wir sollten bereit sein, uns von Gott führen zu lassen und ihm zu vertrauen, dass er uns auf den Weg bringt, auf dem wir wirklich wachsen können.

Durch Träume verändert sich die Welt
Die Geschichte ist voll von Menschen, die sich trauten, das Unmögliche zu träumen und dann konkrete und mutige Schritte zu gehen, trotz allen Vorbehalten ihrer Mitmenschen. Das war so bei Kolumbus, der gen Westen segeln und neue Länder entdecken wollte. Oder bei Martin Luther King, der eine gesellschaftliche Wende mit gewaltlosem Widerstand erzwingen wollte.

Und wohl niemand hätte es je für möglich gehalten, dass ein demonstrativ Hungernder wie Gandhi in der Welt etwas verändern könnte. Und doch haben diese großen Träumer entgegen allen Zweiflern an ihren Traum geglaubt. Hätten sie auf die in Scharen auftauchenden Kritiker gehört, so wäre ihr Traum nie wahr geworden. Ob dein Traum wirklich Leben verändern kann, hängt davon ab, ob du dich entmutigen lässt oder ob du den Mut hast, deinen Traum gegen alle Bedenken Wirklichkeit werden zu lassen.

Wovon träumst du nachts?
Wenn wir nachts schlafen, träumen wir die unterschiedlichsten und merkwürdigsten Dinge. Manche Träume mögen „bloß" Verarbeitungsträume sein. Andere wiederum zeigen uns, wie kreativ wir eigentlich sind. Dann sind da noch die Träume, die uns regelrecht Angst einjagen oder sogar ein Angriff des Teufels sein können. Aber es gibt auch eine Art Träume, die Gott gebrauchen will, um zu uns zu sprechen und uns etwas zu offenbaren. Zugegeben, das alles zu sortieren und unsere nächtlichen Träume richtig zu deuten, kann etwas herausfordernd sein. Aber du darfst auch in diesen Dingen darauf vertrauen, dass Gott dich leitet und dir helfen will, seine Handschrift zu erkennen.

> *Aber Gott redet doch auf die eine und andere Weise, wir merken es nur nicht. Im Traum, in einer nächtlichen Vision, wenn tiefer Schlaf auf den Menschen fällt, wenn er in seinem Bett schlummert.*
> Hiob 33,14-15 | *Die Bibel, Neues Leben*

Wie war das bei Josef? Die Bibel beschreibt schlicht und einfach, dass Josef einen Traum hatte. Es wird nicht direkt erwähnt, dass Gott ihm den Traum geschenkt hatte.

> *Eines Nachts hatte Josef einen Traum, den er seinen Brüdern erzählte.*
> 1. Mose 37,5 | *Die Bibel, Neues Leben*

Und du denkst jetzt vielleicht: „Die ganze Geschichte über Josef in der Bibel ist doch ein sicherer Beweis dafür, dass ihm der Traum von Gott eingegeben wurde." Richtig. Doch das können wir nur wissen, weil wir das Ende der Geschichte kennen. Und in unserem Leben ist es eben auch so, dass wir nicht vorspulen können. Wir leben heute, im Hier und Jetzt. Darum sei nicht überrascht, wenn du nicht

von Anfang an das ganze Bild hast.
Schreibe das auf, was du in der Nacht geträumt hast und dich nicht mehr loslässt. Im Talmud, der zentralen Schriftensammlung des Judentums, steht: Jeder ungedeutete Traum ist wie ein ungeöffneter Brief.

Gott hat uns als Träumer geschaffen
Da sprach Gott: „Wir wollen Menschen schaffen nach unserem Bild, die uns ähnlich sind."
1. Mose 1,26 | Die Bibel, Neues Leben

Wenn du es wagst, den Traum Gottes für dein Leben zu entdecken, startet für dich das Abenteuer, wofür Gott dich erschaffen hat! Und wenn du dich auf diese Entdeckungsreise begibst, darfst du das erstmal entspannt angehen. Die einen wissen sofort, welchen Traum Gott ihnen ins Herz gelegt hat und andere wiederum tun sich schwer, sich überhaupt eine Zukunft auszumalen. Versuche, nicht sofort alles zu bewerten, zu verurteilen oder gleich abzutun. Vertraue darauf, dass Gott dich darin führt und leitet. Er hat wunderbare Gedanken für dich. Er will dich für Großes gebrauchen. Vertraue ihm.

Male dir deinen Traum vor Augen
Wir haben selten ein bildliches Ziel vor Augen. Stattdessen befinden sich unsere Ziele oft nur in digitaler Form auf unseren Smartphones, in Schubladen oder in Tagebüchern. Im letzten Kapitel haben wir gelernt, wie wichtig es ist, unsere Träume und Ziele niederzuschreiben. Aber auch die Kraft einer bildlichen Vision sollten wir nicht unterschätzen.

Er führte Abram aus dem Zelt nach draußen und sagte zu ihm: „Schau dir den Himmel an, und versuche, die Sterne zu zählen! Genauso werden deine Nachkommen sein – unzählbar!"
1. Mose 15,5 | Die Bibel, Hoffnung für alle

Gott malte schon Josefs Urgroßvater ein Bild vor Augen. Abraham bekam von Gott das Bild von den unzähligen Sternen am Himmel, die für seine unzähligen Nachkommen stehen sollten. Und jedes Mal, wenn Abraham nachts den Sternenhimmel betrachtete, würde er an das Versprechen Gottes erinnert werden.

Traue dich, deinen Traum zu visualisieren und dir vorzustellen, wie die Zukunft aussehen könnte. Das kann ganz einfach mit Bildern und einer Collage sein, oder ein Foto, welches dich an den Traum erinnert, welchen Gott dir anvertraut hat.

Wenn du deinen Traum nun aufgeschrieben und ein Bild vor deinem inneren Auge hast, dann gibt es noch ein weiteres Geheimnis, welches dir helfen wird, die ersten Schritte zu gehen.

Sprich deinen Traum aus
Gott hat uns die Zunge als Werkzeug gegeben. Wenn du deine Träume und Ziele aussprichst, erteilst du sozusagen der geistlichen Welt Aufträge. Was noch unsichtbar ist, soll sichtbar werden. Wie sieht das konkret aus? Beginne einfach damit, Gott für die Erfüllung deiner Ziele zu danken!

Befiehl dem Herrn deine Wege und hoffe auf ihn, er wird's wohlmachen.
Psalm 37,5 | Die Bibel, Luther 2017

Wenn du Gott einbeziehst und ihn anbetest, bevor etwas geschieht, ist das der größte Ausdruck von Glauben! John Maxwell ist ein bekannter christlicher Autor und Sprecher, der hauptsächlich im Bereich der Führungsentwicklung tätig ist. Jeden Morgen sagt er sein Vision Statement laut auf. Er tut dies im Bewusstsein, dass seine Worte Kraft haben. Wenn Gott spricht, geschehen die Dinge. Worte haben Kraft. Auch deine. Nutze das, indem du deine Träume formulierst, aussprichst und Gott dafür dankst, dass er mit dir zum Ziel kommt.

Die Zunge hat Macht über Leben und Tod; wer sie gut nutzt, genießt ihre Frucht.
Sprüche 18,21 | Die Bibel, Neue evangelistische Übersetzung

Deine Aufgaben

Nimm dir nun etwas Zeit, um die folgende Frage zu beantworten und die Aufgabe zu bearbeiten.
- Wovon träumst du nachts?
- Schreibe in den nächsten Wochen deine Träume einmal auf. Versuche zu entdecken, was sie dir zeigen können. Nutze dafür die oben genannten Punkte.

Gebet

Lieber Vater im Himmel. Ich danke dir dafür, dass ich deine Stimme deutlich hören kann. Ich weiß, dass du einen Plan für mein Leben hast, und mein Herz ist voller Vertrauen in dich. Ich schenke dir meine volle Aufmerksamkeit, denn du hast das letzte Wort! Ich glaube fest daran, dass du sprichst, dass du Dinge bewegst und dass du in mir und durch mich wirksam bist. Meine Augen richte ich auf dich, mein Gott, und ich empfange deine Vision für mein Leben. Ich lege alles zu deinen Füßen und erkläre, dass ich ein Tempel des Heiligen Geistes bin. Du wirkst Wunder in mir, und dafür danke ich dir von ganzem Herzen.
Amen

Glaube weiter
1. Mose 37,1-11

Unsere Träume und Ziele prägen unser Leben und beeinflussen unsere Entscheidungen. Aber wie können wir sicher sein, dass unsere Träume mit Gottes Willen übereinstimmen? Wie können wir sicher sein, dass wir nicht egoistischen Motiven folgen, sondern Gottes Plan für unser Leben erkennen und ihm treu bleiben? In diesem Kapitel wollen wir uns mit sechs wichtigen Fragen beschäftigen, die uns helfen, unsere Träume zu überprüfen und sicherzustellen, dass wir auf dem richtigen Weg sind. Dein Traum, den Gott dir gegeben hat, hat große Auswirkungen auf dein Leben. Ebenso ist dein Glaube nicht nur eine Sache der Hoffnung, sondern hat Auswirkungen auf dein Leben und deine Beziehung zu Gott.

Glauben heißt, einer Person zu vertrauen
Glaube ist mehr als ein hoffnungsvolles Warten auf eine bessere Zukunft. Es ist ein tiefes Vertrauen in Gott und die Bereitschaft, das eigene Leben dem Willen Gottes zu unterwerfen. Josef aus der Bibel ist ein Beispiel für jemanden, der fest an Gott geglaubt und auf ihn vertraut hat. Auch inmitten von Schwierigkeiten und Versuchungen, wie wir später sehen werden. Sein Glaube war nicht nur eine oberflächliche Hoffnung, sondern ein fester Grund, der ihm half, seinem Traum und seiner Bestimmung treu zu bleiben.

Wie sieht dein Glaube aus? Gerade dann, wenn es in deinem Leben nicht so gut zu laufen scheint? Ist es nur verzweifeltes Hoffen oder vertraust du deinem Gott, der dich über alles liebt? Und wenn du vielleicht noch unsicher bist, ob dein Traum der richtige ist? Gottvertrauen ist lebensnotwendig. Es kann dich auch in Zeiten großer Not und Enttäuschung motivieren, an deinem Traum und deiner Bestimmung festzuhalten.

Was ist nun also der Glaube? Er ist das Vertrauen darauf, dass das, was wir hoffen, sich erfüllen wird, und die Überzeugung, dass das, was man nicht sieht, existiert.
Hebräer 11,1 | Die Bibel, Neues Leben

Sechs Fragen, die du dir stellen musst
Um sicherzugehen, dass du mit Gott an einem Strang ziehst, ist es wichtig, sein Herz zu suchen. Der Glaube an Gott ist eine Beziehung, ein Dialog. Um die Motivation für deinen Traum aufrechtzuerhalten, musst du daher wissen, ob dein Traum der richtige ist. Das ist besonders wichtig, wenn es schwierig oder emotional wird. Bevor du dich also voll und ganz auf diesen Traum einlässt, solltest du dir die Zeit nehmen, dir die folgenden sechs Fragen zu stellen.

Frage 1: Macht dich dein Traum mehr wie Jesus?
Wohin führt dich dein Traum? Warum ist dein Traum wichtig? Was ist das Wichtigste in deinem Traum? Wem nützt dein Traum am meisten? Würde Jesus auch deinen Traum träumen? Nicht jeder Traum ist es wert, verwirklicht zu werden. Manche großen Träume sind nur Pläne von Machern. Aber viele Macher sind egoistische Planer, deren Pläne vor allem ihnen selbst nützen. Solche Macher dienen in erster Linie sich selbst und wollen den größten Nutzen für sich selbst. Sie wollen Belohnung und Anerkennung. Sie stellen ihre eigenen Bedürfnisse über die anderer Menschen. Ethik, Moral und Werte sind für sie relativ. Sie benutzen andere Menschen und beuten sie aus. Solche Menschen fragen: „Was habe ich davon?"

Echte Visionäre hingegen sind Diener, denen es um das Wohl ihrer Mitmenschen geht. Ihre von Jesus geprägte Haltung lautet: „Was haben andere davon?" Sie wollen geben, statt zu nehmen. Begeistert und mitreißend ermutigen sie andere, wachsen über sich hinaus und erwarten Großes von Gott. Sie richten ihr Handeln an ethischen und moralischen Maßstäben aus. Göttliche Träumer bringen die Welt voran, während Macher sie aushöhlen. Jesus ähnlich zu sein, hat viel mit einer Haltung des Dienens zu tun.
Wem nützt dein Traum?

> *„Frage nicht, was dein Land für dich tun kann – frage, was du für dein Land tun kannst."*
> John F. Kennedy

Frage 2: Passt dein Traum zeitlich und inhaltlich?
Eines dürfen wir nie vergessen: Jesus kommt nie zu spät und nie zu früh in unser Leben! Sein Timing ist immer perfekt. Er steht auch nie unter Zeit-

druck, um unsere Träume zu erfüllen. Für jeden Traum, den du und ich träumen, gibt es bei ihm den richtigen Zeitpunkt. Als ICF Zürich wollten wir vor Jahren ein Hotel in Zürich kaufen. Eines Morgens rief uns der Manager an und sagte: „Ihr könnt das Hotel kaufen, aber ihr müsst bis heute um 14 Uhr den Vertrag über 15 Millionen Schweizer Franken unterschrieben haben". Wir wussten alle, dass unser Traum von einem eigenen Gebäude inhaltlich richtig war. Aber der Zeitpunkt war falsch. Gott setzt uns niemals unter Zeitdruck. Schon gar nicht bei so wichtigen Entscheidungen. Das gilt auch für unsere Träume.

Jedes Ereignis, alles auf der Welt hat seine Zeit.
Prediger 3,1 | Die Bibel, Hoffnung für alle

Frage 3: Stimmt dein Traum mit der Bibel überein?
Gott schenkt dir und mir niemals einen Traum, der in irgendeiner Weise der Bibel widerspricht, denn sie ist das geschriebene Wort Gottes. Die Gebote, die Gott uns Menschen gegeben hat, sind nur zu unserem Besten. Wenn wir sie aber brechen und für unsere Träume missachten, dann brechen sie uns.

Himmel und Erde werden vergehen; meine Worte aber haben für immer Bestand.
Lukas 21,33 | Die Bibel, Hoffnung für alle

Frage 4: Unterstützen andere Menschen deinen Traum?
Leider beginnen viele Menschen ein Projekt, ohne gute Freunde um Rat zu fragen. Sie gleichen dem einsamen Cowboy aus der sehr alten Marlboro-Werbung, dessen engster und vertrautester Berater das liebe, treue und schweigsame Pferd ist, auf dem er, eingehüllt in eine Wolke aus Marlboro-Rauch, in sich gekehrt irgendwo durch die einsame Landschaft reitet. Natürlich finden wir immer wieder Menschen, die uns in unserem Tun motivieren. Bei Milliarden von Menschen ist es auch keine Kunst, jemanden zu finden, der uns und das, was wir tun, toll findet. Aber es ist so wichtig, nicht nur auf die Meinung der „Lieben" zu hören. Manchmal sind Menschen, die uns und unseren Träumen kritisch gegenüberstehen, hilfreicher als solche, die grundsätzlich alles gut finden, was wir tun.

Ohne Ratgeber sind Pläne zum Scheitern verurteilt; aber wo man gemeinsam überlegt, da hat man Erfolg.
Sprüche 15,22 | Die Bibel, Hoffnung für alle

Mit 18 Jahren begann ich (Leo) eine Lehre als Maschinenzeichner. Eine Woche lang musste ich einen Mofamotor zeichnen, Millimeter für Millimeter. Als ich mit der Arbeit fertig war, griff ich mir an den Kopf und sagte: Nie mehr! Ich ging zu meinen Eltern und bat sie, meine Lehre beenden zu dürfen. Da sie nur das Beste für mich wollten, unterstützten sie mich bei meiner Entscheidung. Deshalb habe ich die Ausbildung nach einem halben Jahr abgebrochen.

Mein eigentlicher Traum war damals, Theologie zu studieren. Dafür braucht man jedoch eine abgeschlossene Berufsausbildung. Die hatte ich aber nicht. Und deshalb haben meine Eltern diesen Wunsch in keiner Weise unterstützt. Sie hatten nichts gegen meinen Traum, nur mit dem Zeitpunkt waren sie nicht einverstanden. Also habe ich noch einmal eine Lehre als Offsetdrucker gemacht und mir nach der Ausbildung meinen Traum erfüllt. Zum Glück habe ich damals auf den Rat meiner Eltern gehört. Auch in meinem jetzigen Leben gehe ich nicht den Pfad eines einsamen Cowboys. Ich habe mir vorgenommen, Träume nur mit meiner Frau zu verwirklichen. Denn sie, ich und Gott, wir sind ein Dreamteam.

Hast du Menschen in deinem Leben, die an dich glauben, die nur das Beste für dich wollen und auf deren Rat du hörst?

Frage 5: Entspricht dein Traum auch deinen Gaben?
Als Gott Mose beauftragte, das Volk Israel aus Ägypten in das Land Kanaan zu führen, gab er ihm auch die Gabe der Leitung. Mose war ein begeisterter und leidenschaftlicher Leiter. Ein anderes Beispiel ist David. Lange bevor er König wurde, war er ein Mann, der es liebte, Lieder für seinen Gott zu singen. Und deshalb hat er viele wunderbare Psalmen geschrieben.

==Wenn Gott dich beruft, rüstet er dich auch aus.== Aber oft lassen wir uns zu schnell von dem blenden, was wir jetzt sind. Wir vergessen immer wieder, was wir werden können und was in uns steckt. Vielleicht hast du auch schon einmal gedacht: „Das ist zu groß für mich. Ich bin nicht kreativ genug, um es zu lösen." Mit anderen Worten, du hast einen Traum, aber du glaubst nicht, dass er deinen Fähigkeiten entspricht. Wenn das dein Problem ist, denke noch einmal darüber nach! Vielleicht inspiriert dich die folgende Geschichte dazu, wieder zu träumen, auch wenn deine Begabungen und Talente noch nicht ausgereift sind.

Ein junger Amerikaner verlor eines Tages seinen Job als Zeitungsjournalist. Man sagte ihm, er habe keine Ideen und sei nicht kreativ genug. Bald fand er einen anderen Job. Doch auch dort wurde er wieder entlassen. Während er nach dieser erneuten Enttäuschung mit dem Zug von New York zurück nach Hollywood fuhr, schuf der junge Träumer 1928 eine Figur, die inzwischen Millionen verzaubert hat: Micky Maus. Walt Disney – so hieß der abgelehnte Visionär – schuf schließlich Fantasiewelten und Geschichten, die sich zu großen Kassenschlagern entwickelten. Doch der Erfolg kam nicht über Nacht. Erst die Einführung des Tonfilms ermöglichte es Disney, den ersten synchronisierten Zeichentrickfilm zu drehen, und Micky Maus brachte ihm 1932 einen Oscar und damit die verdiente Anerkennung ein. Es gäbe heute kein Disneyland in Paris und keine Zeichentrickfilmklassiker, die Zuschauer in aller Welt begeistern, wenn Walt Disney seine Fähigkeiten falsch eingeschätzt hätte. Deshalb: Gib deine Träume nicht zu schnell auf.

Frage 6: Hast du Frieden mit deinem Traum?
Innerer Unfriede bleibt in der Regel so wenig verborgen wie ein Husten, unter dem wir leiden. Solange unsere Nerven flattern wie eine Fahne im Herbstwind, wir mit unserem Puls um die Wette rasen und uns obendrein den Kopf zermartern, haben wir noch keinen inneren Frieden gefunden. Chronisch nagende Unzufriedenheit lässt vermuten, dass wir uns in einem Gedanken festgekrallt haben. Doch der Friede Gottes, der höher ist als alle menschliche Vernunft, beruhigt nicht nur unsere Seele, sondern ist auch ein entscheidendes Kriterium dafür, dass wir in Gottes Plan eingebettet sind.

Und der Friede, den Christus schenkt, soll euer ganzes Leben bestimmen.
Kolosser 3,15a | Die Bibel, Hoffnung für alle

Vor einigen Jahren habe ich einem Kollegen mein Auto geliehen. Am nächsten Tag brachte er mir nur den Schlüssel zurück und sagte: „Tut mir leid, aber dein Auto wirst du nie wieder sehen. Ich habe es zu Schrott gefahren." Damit hatte ich nun wirklich nicht gerechnet. Wir überlegten, wie wir an ein neues Auto kommen sollten, denn der Kollege war weder versichert noch hatte er Geld auf der Seite. An diesem Tag beteten wir zu Gott: „Für dich ist es kein Problem, uns ein neues Auto zu geben." Nach dem Gebet fühlte ich einen tiefen inneren Frieden. Ich war mir sicher, dass ich in den nächsten Wochen wieder ein Auto haben würde. Nur kurze Zeit später klingelte mein Telefon und der Mann, der mich anrief, sagte: „Leo, wir wollen dir unseren BMW schenken, du musst ihn nur noch abholen." Und plötzlich erinnerte ich mich daran, wie ich vor Jahren an meinem damaligen Arbeitsplatz jeden Tag aus dem Fenster geschaut und dort einen BMW gesehen hatte. Damals sagte ich zu einem Kollegen: „Irgendwann bekomme ich einen BMW geschenkt." Er lächelte mich nur an und hielt das wohl für einen schlechten Scherz. Aber nun war mein Traum auf einmal Realität geworden. Ich war so glücklich. Gott hatte mir auf so spezielle Art und Weise einen lang gehegten Traum erfüllt.

Deine Aufgaben
Nimm dir nun etwas Zeit, um die folgende Frage zu beantworten und die Aufgabe zu bearbeiten.
- Ist dein Vertrauen in Gott stark und gesund?
- Prüfe deinen Traum anhand dieser sechs Fragen.

Gebet
Lieber Vater im Himmel. Ich danke dir, dass ich eine Beziehung mit dir haben darf. Ich will dir von ganzem Herzen vertrauen. Bitte prüfe mein Herz und führe mich auf dem richtigen Weg. Ich danke dir, dass du mir auch hilfst, meinen Traum zu verstehen. Danke hilfst du mir durchzuhalten und weiterzumachen, auch wenn es länger dauert, als ich es mir vorgestellt habe. Du hast ein wunderbares Ziel und eine Bestimmung für mich. Ich vertraue dir, dass ich das mit dir erreichen werde.
Amen

04

Vom Traum zur Bestimmung
1. Mose 37,1-11

"Also, wir waren auf dem Feld und banden das Getreide in Garben zusammen. Da richtete meine sich plötzlich auf und blieb aufrecht stehen. Eure dagegen bildeten einen Kreis darum und verbeugten sich tief vor meiner Garbe." „Was, du willst also König werden und dich als Herrscher über uns aufspielen?", schrien seine Brüder. Sie hassten ihn nun noch mehr, weil er das geträumt und so selbstherrlich davon berichtet hatte. Bald darauf hatte Josef wieder einen Traum, und auch diesen erzählte er seinen Brüdern. „Hört mal zu! Ich sah, wie die Sonne, der Mond und elf Sterne sich tief vor mir verbeugten", beschrieb er. Diesmal erzählte er den Traum auch seinem Vater. „Was soll das?", schimpfte der. „Bildest du dir etwa ein, dass wir alle – dein Vater, deine Mutter und deine Brüder – uns dir unterwerfen?" Josefs Brüder waren eifersüchtig auf ihn, aber seinem Vater ging der Traum nicht mehr aus dem Kopf.

1. Mose 37,7-11 | Die Bibel, Hoffnung für alle

Kennst du die berühmte David-Statue von Michelangelo? Sie ist ein Meisterwerk der Bildhauerkunst! Er wurde einmal gefragt, wie er sie aus einem Stück Marmor geschaffen habe. Er antwortete einfach: „Ich habe alles weggeschlagen, was nicht David war."

Gott tat dasselbe mit dem Herzen Josefs. Er schlug alles weg, was nicht zu Josefs Herz gehörte. Sein falscher Stolz, seine Angst, sein falsches Machtverständnis usw. Das alles geschah nicht von heute auf morgen. Es dauerte etwa 18 Jahre vom Traum bis zu seiner Erfüllung. Aber Josef ließ sich darauf ein und sein Herz wurde Stück für Stück verändert. Er wurde vorbereitet auf das, was Gott mit ihm vorhatte.

Gott will auch in deinem Leben alles wegnehmen, was nicht du bist, was nicht zu dir gehört. Wenn das geschieht, ist das fast immer unangenehm oder sogar schmerzhaft. Vielleicht gibt es Momente, in denen du an Gottes Wegen zweifelst. Wozu dienen all die scheinbaren Umwege und Demütigungen? Warum lässt Gott so manches in unserem Leben zu, das für uns scheinbar keinen Sinn ergibt? Im Hebräerbrief lesen wir, warum Gott uns solche Momente zutraut. Nicht um dich zu zerbrechen, sondern aus Liebe zu dir arbeitet Gott an deinem Herzen.

> *Denn der Herr weist die zurecht, die er liebt, und er straft jeden, den er als seinen Sohn annimmt.*
> Hebräer 12,6 | Die Bibel, Neues Leben

Träume geben trotz Hindernissen neue Kraft
Hindernisse können unsere Träume herausfordern, aber sie geben uns auch die Möglichkeit, neue Kraft zu schöpfen. Für Josef verstrichen 18 Jahre und mehr als zehn Prüfungen musste er bestehen auf dem Weg zu seinem Traum,

aber er gab trotz allem nicht auf. In folgenden Bereichen wurde Josef auf die Probe gestellt und in diesen Bereichen seines Lebens wurden Dinge „weggeschlagen":
- Stolz
- Verlust
- Erfolg
- Reinheit
- Anstrengung
- Geduld
- Begabung
- Macht
- Wohlstand
- Vergebung

Der Traum zeigt das Ziel und nicht den Weg
Josef träumte davon, dass sich „Sonne und Mond" vor ihm niederwerfen würden. Seine ganze Familie und die ganze Welt würden vor ihm knien. Kein Wunder waren seine Brüder nicht begeistert! Aber Gott vertraute Josef diesen Ausschnitt aus der Zukunft aus einem ganz bestimmten Grund an. Es würde die Dinge ins Rollen bringen und Josef eine Perspektive geben für die ihm bevorstehenden Schwierigkeiten. Und doch war sein Traum nicht seine letzte Bestimmung. Der Traum zeigte nicht einmal den Weg, der vor ihm war. Aber der Traum motivierte ihn viele Jahre lang, die Prüfungen durchzustehen und Gott zu vertrauen.

Was „schlägt" Gott zuerst weg?
Nach und nach wurde, wie im Bild der Marmorstatue, etwas herausgeschlagen, was eigentlich nicht zu Josef gehörte. Seine oberflächlichen Vorstellungen wurden zerschlagen und seine wahre Bestimmung kam immer mehr zum Vorschein.

Eines Nachts hatte Josef einen Traum, den er seinen Brüdern erzählte. Da hassten sie ihn noch mehr. „Hört, was ich geträumt habe", begann er.
1. Mose 37,5-6 | Die Bibel, Neues Leben

Josef redete als Jugendlicher viel und verspürte den Drang, gleich alles auszuplaudern, was er träumte und was Gott wohl mit ihm vorhatte. Das löste bei seiner Familie viel Unmut aus. Wir müssen lernen, nicht immer das weiterzugeben, was Gott uns sagt. Bei Josef begann der erste Schlag am Marmorblock seines Herzens genau an diesem Punkt. Er musste lernen, gewisse Dinge zuerst für sich zu behalten und damit mit Gott zu ringen.

Was ist es bei dir? Worauf legt Gott gerade seinen Finger? Ist es auch, dass du zu viel über Dinge sprichst? Natürlich kann es auch ein völlig anderer Bereich sein. Aber eine Frage stellt sich auf jeden Fall: Bist du bereit, genauso wie Josef solche Tests ganz durchzugehen?

Im Englischen gibt es folgendes Sprichwort: Your test will become your testimony. (Dein Test wird zu deinem Zeugnis werden). Das war bei Josef so und das kann auch bei dir so sein. Josef war bereit, sich von Gott formen zu lassen. Und wir alle haben die Wahl: Wir können uns den Herausforderungen und Tests im Leben stellen oder vor ihnen davonlaufen. Weil Gott gute Absichten hat mit dir und genau weiß, wer du bist und was du brauchst, lohnt es sich, ihm zu vertrauen. Wie bei der Statue von David möchte Gott alles an deinem Herzen entfernen, was nicht wirklich zu dir gehört. Nun liegt es an dir, dass du dich wie Josef darauf einlässt.

Der Weg zum Traum ist wie eine Achterbahn

Ein weiteres Bild, um zu verdeutlichen, wie sich der Weg zu deiner Bestimmung anfühlt, ist das Folgende. Genau wie Josef haben auch wir eine romantisierte Vorstellung, wie Träume in unserem Leben Wirklichkeit werden sollen. Alles passiert schnell und ohne Probleme. Die Türen gehen auf und das, was wir uns erträumen, wird über Nacht wahr. Doch das hat meistens wenig mit der Realität zu tun.

Traum *Bestimmung*

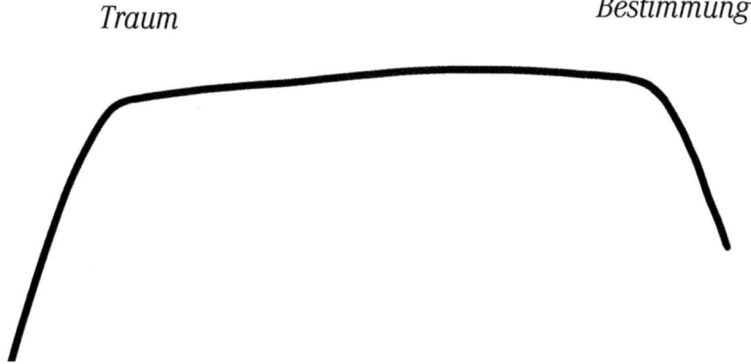

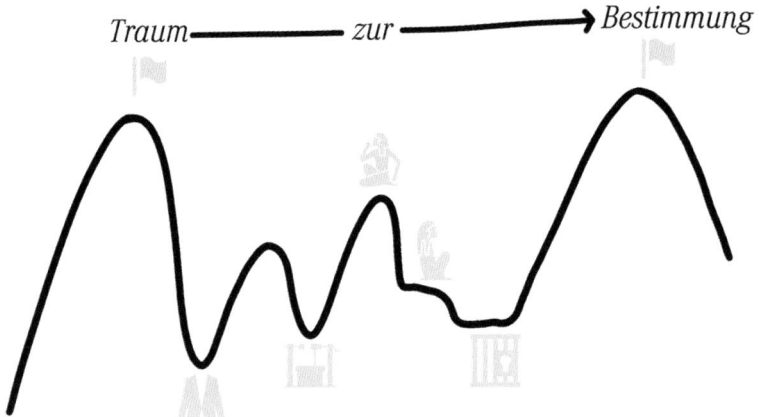

Für Josef war der Moment, wo er seinen Brüdern von seinem Traum erzählte, wie der Startpunkt einer Achterbahn: Erstmal ging es steil bergab. Seine Brüder lehnten ihn ab und er wurde als Sklave nach Ägypten verkauft. Dann wurde er in eine verantwortungsvolle Position eingesetzt, nur um sich wenig später im Gefängnis wiederzufinden. Hoffnung und Frust. Hochs und Tiefs. Klingt das vertraut? Auf jeden Fall schien sein Traum in weiter Ferne. Doch in dieser Zeit arbeitete Gott in seinem Herz und bereitete ihn auf seine wahre Bestimmung vor.

Welche Täler siehst du schon aufgrund deines Traums? Kann es sein, dass Gott dich auf das vorbereiten will, was noch folgen wird? Vielleicht sind die Täler in deinem Leben dazu da, alles, was nicht wirklich zu dir gehört, wegzuschlagen. Die Frage ist, ob du dich darauf einlassen willst. Es wird bestimmt nicht einfach. Aber wir wollen dir Mut machen, den Weg auf dich zu nehmen. Lasse dich darauf ein, alles abzulegen, was nicht zu dir gehört. Gott arbeitet liebevoll an deinem Herzen. Das tut er nicht, um dich zu plagen, sondern damit du aufblühst und in deiner wirklichen Bestimmung leben kannst.

Bleib unabhängig von Meinungen der Menschen

Josef redete und redete über seine Träume und erhoffte sich sicherlich Applaus und Bestätigung. Statt dass er erste Schritte ging und an sich und seinem Traum arbeitete, gab er an, was noch alles Tolles auf ihn wartete. Warum tat Josef das?

Es war sein Wunsch ...
- nach Lob und Anerkennung.
- Teil von etwas Größerem zu sein.
- in der Geschichte Gottes dazuzugehören.

Es gibt verschiedene Möglichkeiten, wie wir Berufungen, Begabungen und Bestimmungen angehen können. Doch unabhängig davon, welchen Weg wir einschlagen: Unser Traum wird auf die Probe gestellt werden. Und in all diesen Herausforderungen brauchen wir die Nähe und die Führung Gottes. Achte also bei deinem Weg darauf, dass du abhängig von Gott bleibst, aber unabhängig von der Meinung anderer Menschen. Damit ist nicht gemeint, keinen Rat von guten Freunden anzunehmen, sondern es geht um dein Herz. Wenn du für den Applaus der Leute offen bist, dann bist du auch offen für die Buhrufe der Menschen. Dein Traum zeigt dir die Richtung, die Gott dir gegeben hat. Achte auf sein Reden und seinen Applaus.

Ich (Leo) habe einmal Reinhard Bonnke, einer der bekanntesten Evangelisten auf der Welt, gefragt, wie er mit Kritik umgeht. Er gab mir eine überraschende Antwort: „Ich lese weder Lob noch Kritik. Weder das eine noch das andere soll mich bestimmen."

Warte nicht auf die perfekte Motivation
Viele machen sich eine Menge Gedanken und erwarten, dass von ihrer Einstellung und ihrer Herzenshaltung her alles perfekt ist. Gott tut das nicht. In der Bibel schenkte er Josef den Traum, obwohl er ein verwöhnter Teenager war. Im Tun verändert sich dein Herz. Josef wurde ein alter und angesehener Mann mit viel Einfluss. Diese Macht nutzte er, um Gottes Plan für seine Familie und sein Volk voranzubringen. Aber bis dahin war es ein langer Weg. Darum sei ermutigt: Starte heute und wage die ersten Schritte mit Gott zusammen auf deinem Weg zu deinem Traum.

Wer immer nur auf das passende Wetter wartet, wird nie säen; und wer ängstlich auf jede Wolke schaut, wird nie ernten.
Prediger 11,4 | Die Bibel, Hoffnung für alle

Deine Aufgaben
Nimm dir nun etwas Zeit, um die folgenden Fragen zu beantworten und die Aufgabe zu bearbeiten.
- Welche Schwierigkeiten im Leben machen dir gerade Mühe? Was kannst du davon lernen?
- Tausche dich mit einem engen Freund/einer engen Freundin aus, wo du in deinem Charakter noch wachsen darfst, um deinem Traum näherzukommen.

Gebet
Lieber Vater im Himmel. Danke, gehst du mit mir einen Weg. Ich vertraue dir, dass du mich führst. Danke, arbeitest du auch an meinem Herzen. Ich lasse mich darauf ein und erlaube dir, alles Destruktive wegzunehmen, was nicht wirklich zu mir gehört. Du bist mein Vater, der es gut mit mir meint und der Großes mit mir vorhat. Danke.
Amen

NEID
UND DRAMA

Neid und Drama
1. Mose 37,1-36

Ich hasse dich!
Die Brüder von Josef waren neidisch auf ihn und hassten ihn. Zum einen, weil er der Lieblingssohn ihres Vaters Jakob war. Dieser hatte Josef einen speziellen, bunten Mantel geschenkt und ihn bevorzugt behandelt, was seine Brüder eifersüchtig gemacht hatte. Ein weiterer Grund für ihren Neid und Hass war, dass Josef Träume hatte, in denen er von seinen Brüdern und sogar von seinem Vater geehrt worden war. Sie sahen in ihm eine Bedrohung für ihre eigene Zukunft und ihre eigene Position innerhalb der Familie.

Da sagten seine Brüder zu ihm: „Willst du etwa König über uns werden, willst du gar über uns herrschen?" Und sie hassten ihn noch mehr wegen seiner Träume und wegen seiner Reden.
1. Mose 37,8 | Die Bibel, Elberfelder

Der Name Josef bedeutet: „hinzufügen; er fügt hinzu". In den Versen 5 und 8 wird „hassten ihn noch mehr" korrekt übersetzt, aber es gibt ein interessantes Wortspiel. Das wörtliche Hebräisch besagt, „sie fügten Hass hinzu" – das hebräische Wort für „hinzufügen" ist dasselbe wie das Wort für Josef – „sie haben ihren Hass für ihn ‚josefiert'."

Josef erlebte beide Seiten seines Namens: Es wurde Liebe und Gunst zu ihm „hinzugefügt" und ebenso abgrundtiefer Hass und Neid.

Josef war 17 Jahre alt. Er hütete häufig gemeinsam mit seinen Halbbrüdern, den Söhnen von Bilha und Silpa, die väterlichen Schaf- und Ziegenherden. Doch Josef hinterbrachte es seinem Vater, wenn sie etwas Schlechtes taten. Jakob liebte Josef mehr als seine anderen Söhne, weil er ihm erst im Alter geboren worden war. Deshalb ließ er Josef eines Tages ein prächtiges Gewand machen.
1. Mose 37,2-3 | Die Bibel, Neues Leben

Und Josef trug mit der Art, seine Brüder beständig beim Vater zu verpetzen, seinen Teil dazu bei, dass sie nicht gut auf ihn gesinnt waren. Die Mütter der Halbbrüder waren verkracht. Einzelne Kinder wurden bevorzugt, andere nicht gesehen. Was für eine Patchworkfamilie. Die Brüder rotteten sich gegen den Jüngsten zusammen, da er vom Vater bevorzugt wurde. In diesem Drama will ihnen Gott nun eine Zukunft bauen und er lenkt durch einen Traum Josef in diese Richtung.

Wenn dir Neid begegnet
Josefs Brüder reagierten mit Neid und Missgunst ihm gegenüber. Und mal ganz unter uns, wer mag es ihnen verübeln? Denn die ganze Familiensituation war gelinde gesagt komplex und schwierig. Doch die Brüder von Josef schafften es nicht, ihre Eifersucht zu überwinden. Aus ihrem Neid wurde Hass und sie beschlossen, ihn zu verkaufen und als Sklave nach Ägypten zu verbannen. Damit brachten sie ihren Bruder in Lebensgefahr und nahmen ihm jegliches Recht auf ein angemessenes Leben.

Wie sieht dein Umfeld aus? Wie ist deine Familie? Welche Dramen haben sich bis jetzt in deinem Leben abgespielt? Bist auch du Neid oder Hass ausgesetzt?
Oft sind Konflikte, die uns beschäftigen, über Generationen entstanden. Und solche Voraussetzungen sind alles andere als ein guter Start in ein Leben, in dem man einem Traum nachgehen will oder kann. Wenn wir dann aufgrund eines direkten Angriffs (verbal oder tatsächlich) in Mitleidenschaft gezogen werden, fragen wir uns rasch einmal, ob wir überhaupt den richtigen Weg eingeschlagen haben. Im vorherigen Kapitel haben wir schon kurz den beschwerlichen Weg eines Traums angeschnitten. Nun wird es konkret.
Was ist deine Reaktion auf einen schlechten Start und Neid um dich herum?

Ereifere dich nicht über gewissenlose Menschen, sondern sei eifrig darin, den Herrn täglich ernst zu nehmen.
Sprüche 23,17 | Die Bibel, Gute Nachricht

Gott hat dir einen Traum aufs Herz gelegt. Vielleicht trotz oder gerade wegen deiner Umstände. Gott hat so viel mehr für dich im Sinn, als du jetzt schon sehen kannst. Wenn dir Neid und Missgunst entgegenschlagen, antworte nicht mit Ablehnung und Hass. Gott kann dir Kraft geben, auch dieser Ungerechtigkeit mit Liebe und Annahme zu begegnen. Lass Gott diese Umstände nutzen, um dein Herz weiterhin zu formen und dich zu der Person zu machen, wie er dich schon längst sieht.

Menschen können manchmal sehr boshaft auf jemanden reagieren, wenn sie eifersüchtig sind. Neid kann eine sehr zerstörerische Kraft sein und Menschen reagieren oft mit Ablehnung oder sogar Hass. Warum ist das so?

Man sagt, dass das, was dich trifft, oft auch dich betrifft. Das heißt, Menschen haben die Tendenz, das zu kritisieren, was sie selbst beschäftigt und woran sie selbst arbeiten müssten. Wenn du also merkst, dass jemand ständig ein bestimmtes Verhalten oder eine bestimmte Eigenschaft an dir kritisiert, kann es sein, dass diese Person in Wirklichkeit an dem gleichen Problem arbeitet. Ebenso ist es auch wichtig zu verstehen, dass Menschen oft nur das bemerken, was sie interessiert oder wofür sie eine Leidenschaft haben. Lass dich nicht von solchen Reaktionen deiner Mitmenschen entmutigen. Auch wenn es weh tut, solltest du dich davon nicht zerstören oder aufhalten lassen. Es ist wichtig, dass du deine Identität und Persönlichkeit bewahrst und nicht aufgibst. Gott ist auf deiner Seite und kämpft für dich. Werde nicht wütend, ärgerlich oder enttäuscht, wenn dir Neid entgegenschlägt.

Wenn Neid in dir aufkommt
Aber vielleicht bist du gerade in einer Situation, bei der du merkst, wie sich in dir Neid gegenüber anderen entwickelt. Wir können auf so vieles neidisch sein:

Neidisch auf ...
... den Reichtum,
... das Aussehen,
... den beruflichen Erfolg,
... die Beliebtheit,
... die zwischenmenschlichen Beziehungen,
... die Talente und Fähigkeiten,
... die Freizeitaktivitäten und Hobbies,
... die körperlichen Fähigkeiten,
... die Bildung und akademischen Erfolge, oder den Lebensstil anderer Menschen.

Mache nicht den gleichen Fehler wie die Brüder von Josef. Sie haben sich nicht nur gegenüber Josef falsch verhalten, sondern auch gegenüber ihrem Vater und Gott im Himmel. Gott weiß, dass Neid uns nicht guttut und nur Zerstörung in sich trägt.

So legt nun ab alle Bosheit und allen Betrug und Heuchelei und Neid und alle üble Nachrede.
1. Petrus 2,1 | Die Bibel, Luther 2017

Nutze folgende Punkte, um mit deinem eigenen Neid umzugehen. Denn Gott wünscht sich, dass du in Freiheit leben kannst:
- **Anerkennung und Akzeptanz:** Der erste Schritt besteht darin, den Neid anzuerkennen und zu akzeptieren, anstatt ihn zu ignorieren, zu verdrängen oder zu leugnen. Nur wenn du ehrlich mit dir selbst bist, wirst du auch einen Weg finden, deine Eifersucht zu überwinden.
- **Sprich mit Gott:** Lege Gott nun deinen Neid in seine Hände. Er klagt dich nicht an, sondern nimmt dich mit deinen Stärken und Schwächen an. Lerne im Gebet, wie Gott dich sieht, anstatt dich mit anderen zu vergleichen.
- **Fokus auf eigene Stärken:** Statt sich auf das zu konzentrieren, was andere besitzen oder erreicht haben, konzentriere dich darauf, was du selber gut kannst und was dir wichtig ist. Entwickle deine eigenen Stärken und Fähigkeiten.
- **Zusammenarbeit statt Wettbewerb:** Wenn man mit anderen zusammenarbeitet, anstatt sich mit ihnen zu messen oder gegen sie anzutreten, kann man den Neid aktiv bekämpfen. Indem du dich darauf konzentrierst, wie du gemeinsam mit anderen etwas erreichen kannst, kannst du wertvolle Beziehungen aufbauen und von anderen lernen. Und denke immer daran, dass du stets mit deinem himmlischen Vater zusammen arbeitest, der dir das Leben geschenkt hat.
- **Dankbarkeit:** Sei dankbar für das, was du hast, anstatt dich auf das zu fokussieren, was du nicht hast.

Deine Aufgaben
Nimm dir nun etwas Zeit, um die folgende Frage zu beantworten und die Aufgabe zu bearbeiten.
- Was löst bei anderen Neid und Ungerechtigkeit dir gegenüber aus?
- Schreibe auf, worauf du neidisch bist. Nutze dann die oben erwähnten Punkte, um deinen Neid anderen gegenüber abzugeben.

Gebet
Lieber Vater im Himmel. Ich danke dir, dass du mich jeden Tag durchträgst. Bitte hilf mir, dass ich die Menschen um mich herum annehmen und lieben kann, egal wie sie sich verhalten. Gib mir Weisheit, wie ich mit ihnen umgehen soll. Es tut mir leid, wo ich selbst neidisch geworden bin auf andere. Ich weiß doch, dass du mich versorgst und mir alles gibst, was ich brauche. Danke, formst du dabei auch mein Herz und führst und leitest mich. Du bist mit mir, wie du mit Josef warst. Dafür danke ich dir.
Amen

Sei nicht stolz
1. Mose 37,1-36

Hier sind fünf Tipps, um als stolzer Mensch zu sterben:
- Gehe kein Risiko ein.
- Heirate nicht.
- Bekomme keine Kinder.
- Arbeite nicht in der Kirche mit.
- Lies nicht in der Bibel.

Bin ich stolz?
Es gibt viele verschiedene Arten von Stolz. Manche sind recht deutlich und andere wiederum etwas versteckt. Aber wir sollten auf jeden Fall bei uns hinschauen, ob Stolz sich breit gemacht hat.

Gott stellt sich den Stolzen entgegen, den Demütigen aber schenkt er Gnade.
Jakobus 4,6 | Die Bibel, Neues Leben

Stolz zeigt sich zum Beispiel in:
- **Hochmut:** Dies bezieht sich auf einen übermäßigen Stolz, der mit Arroganz, Überheblichkeit und Herablassung einhergeht. Es ist die Überzeugung, dass man besser als andere ist und es besser weiß als andere.
- **Eitelkeit:** Dies ist ein Stolz, der mit dem Wunsch nach Bewunderung, Aufmerksamkeit und Lob einhergeht. Es geht um das Bedürfnis, gut auszusehen und sich so zu präsentieren, dass man die Aufmerksamkeit anderer gewinnt.
- **Stolz auf Äußerlichkeiten:** Dies bezieht sich auf den Stolz auf äußere Attribute wie Schönheit, Reichtum oder Status. Es ist der Glaube, dass diese Dinge einen wertvoller machen als andere.
- **Nationaler Stolz:** Dies ist ein Stolz, der auf der Identifikation mit einer Nation oder einer Gruppe beruht. Es kann zu einer übertriebenen Wertschätzung der eigenen Kultur und einer Geringschätzung anderer Kulturen führen.
- **Familienstolz:** Diese Art von Stolz beruht auf einer überhöhten Identifikation mit der Familie. Es kann zu einer übertriebenen Wertschätzung der eigenen Familie und einer Geringschätzung anderer Familien führen.

Mancher Stolz zeigt sich im arroganten Verhalten und dem Denken, etwas Besseres zu sein. Aber es kann auch vorkommen, dass sich der Stolz hinter der Minderwertigkeit versteckt. Dieser Stolz tarnt sich als Demut. In der Realität ist es aber Misstrauen Gott gegenüber, dass er einen richtig gemacht hat. Darum vertraut man lieber seiner eigenen Einschätzung, statt auf Gott.

Wenn wir unter Minderwert leiden, denken oder sagen wir Sätze wie: „Ich bin nichts wert, ich kann nichts, ich erreiche nichts und lasse Gott alles tun." Oder: „Gott hat mich falsch gemacht!" Es geht um den Groll gegenüber Gott wegen des eigenen Aussehens, der eigenen Natur und den Umständen, die zu Minderwert führen. So wälzen wir Gedanken wie: „Herr, es geht mir so schlecht; Du hast mich verlassen; Ich bin nicht so gut wie die anderen; Ich habe weniger Begabungen als die anderen ..." usw. Solche Gedanken sind Ausdruck von Misstrauen gegenüber Gott und haben als gemeinsame Wurzel wiederum den Stolz.

Josef und sein Stolz

Wenn wir den Text von Josef in der Bibel lesen, dann springt uns seine arrogante Art schon entgegen. Sein Lästern über seine Brüder beim Vater, seine unverblümte Art, die Träume über seine Vorherrschaft einfach weiterzugeben, malen nicht das beste Bild von ihm. Man könnte also sagen, dass Josef am Anfang seines Lebens ein Problem mit seinem Stolz hatte.

„Wir waren draußen auf dem Feld und banden das Getreide in Garben zusammen. Meine Garbe stellte sich auf und blieb stehen. Eure Garben scharten sich um sie und verneigten sich vor ihr!" „Du willst also König werden und über uns herrschen?!", verhöhnten ihn seine Brüder. Und sie hassten ihn noch mehr wegen seines Traumes und dem, was er gesagt hatte.
1. Mose 37,7-8 | Die Bibel, Neues Leben

Er hatte einen außergewöhnlichen Traum und keine Weisheit, damit richtig umzugehen. Er plapperte alles heraus und brachte das eh schon angespannte Verhältnis in seiner Familie zum Zerreißen. Das brachte das Fass zum Überlaufen. Seine Brüder wollten seinen Traum im Keim ersticken, indem sie ihn zuerst umbringen wollten und dann „nur" als Sklaven verkauften. Denn sie wollten, etwas scheinheilig, nicht die Schwere des Blutvergießens auf sich nehmen. Die Brüder schmissen ihn in eine Grube und nahmen ein tragisches Ende von Josef als Sklave billigend in Kauf. Der ältere Bruder von Josef wollte ihn zwar retten, kam aber zu spät. Des Weiteren ließen die älteren Brüder ihren Vater in dem Glauben, dass Josef von einem wilden Tier gerissen worden wäre. Was für eine verkorkste Familie!

Die Tat der Brüder lässt sich durch den Stolz von Josef nicht entschuldigen, jedoch trug seine Geringschätzung den anderen gegenüber nicht dazu bei, Entspannung in die Lage zu bringen. Was wäre besser gewesen? Wie hätte sich Josef verhalten sollen?

Behalte den Traum im Herzen
Ein wichtiger erster Schritt ist es, den Traum, den Gott dir gibt, nicht überall herumzuerzählen. Sicherlich ist ein enger Austausch mit Freunden hilfreich. Aber es ist genauso wichtig, die Spannung auszuhalten und zu vertrauen, dass Gott zu seiner Zeit Türen öffnet. Hier können wir uns ein Beispiel an Maria nehmen. Sie wurde von Gott auserwählt, den Messias, den Retter der Welt, zur Welt zu bringen. Dann kamen auch noch die Hirten vom Feld in den Stall und erzählten ihr von allen wunderbaren Dingen, die sich rund um dieses Ereignis abspielen. Und was war Marias Reaktion?

Maria aber behielt alle diese Worte und bewegte sie in ihrem Herzen.
Lukas 2,19 | Die Bibel, Lutherbibel 1912 (LU12)

Heute hört man oft, dass man für seinen Traum oder sein Recht kämpfen muss. Aber vielleicht ist es dran, dass du Gott für dich kämpfen lässt. Denn er schaut für dich, deine Rechte und deinen Traum. Wo Gott eine Türe aufmacht, da macht sie niemand mehr zu!

Warte nicht auf die perfekte Motivation
Im christlichen Kontext ist schnell die Rede von Demut. Meist ist damit aber eine falsche Art von Demut gemeint. Wir denken dann an eine Person, die sich wertlos und geringer als alle anderen ansieht. Eine Person, die stets allen dient (ohne zu fragen, ob dahinter vielleicht ein Helfersyndrom oder eine Kompensation steckt). Eine Person, die es immer allen recht machen will. Paulus gibt uns in Römer 12 einen anderen Ansatz:

Denk nicht höher von dir, als dir zukommt, sondern schätze dich selbst richtig ein! Maßstab dafür ist der Glaube, den Gott jedem von uns zugemessen hat.

Römer 12,3b | *Die Bibel, Neue evangelistische Übersetzung*

Eine stolze Person glaubt, dass sie besser als andere ist und dass ihre Meinung und Entscheidungen immer die richtigen sind. Eine stolze Person kann arrogant, selbstgefällig und unkooperativ sein und ignoriert oft die Gefühle und Bedürfnisse anderer.

Demütig zu sein bedeutet, dass wir den Platz einnehmen, den Gott uns zuweist. Dass wir eine dienende Haltung einnehmen und nicht auf unseren eigenen Vorteil aus sind. Es bedeutet auch, dass wir bereit sind, wo nötig, die Meinungen und Entscheidungen anderer zu respektieren und mitzutragen. Eine demütige Person ist bescheiden, dankbar und dienstbereit; anderen Menschen und vor allem Gott gegenüber.

Egal wo du jetzt stehst: Es gibt nicht die perfekte Motivation für dein Handeln oder deinen Traum. Das war bei Josef nicht so und wird auch bei dir nicht so sein. Nimm deinen Traum ernst und beginne dich in Bewegung zu setzen. Nun mag das fast im Widerspruch dazu sein, dass man wartet, bis Gott die Türen aufmacht. Aber wie so oft ist es eben ein „Sowohl-Als-Auch". Du beginnst damit, deinen Traum im Herzen zu bewahren und Gott zu vertrauen. Ebenso ist es deine Aufgabe, erste Schritte zu gehen und dich auf dem Weg von Gott verändern zu lassen.

Schüttle deine stolzen Fehler ab
Wie gehst du mit deinem Traum um, den Gott dir auf das Herz gelegt hat? Bist du wie Josef und prahlst herum, was jetzt alles durch dich passieren wird? Oder bist du einfach bereit, Gott und den Menschen zu dienen, damit der Traum Wirklichkeit werden kann. Stolz gehört nicht zu dir als Person, wie Gott dich geschaffen hat. Es ist hilfreich, sich dessen bewusst zu werden und den Stolz abzuschütteln. Denn solche Gruben-Momente, wie Josef sie erleben musste, wünscht man niemandem. Doch wenn sie kommen, können sie dir helfen, die richtige Sicht zu bekommen: von dir selbst und von Gott. Er hat dich ausgestattet und berufen. Diesem Auftrag nachzugehen ist eine

Ehre und ein Geschenk und du solltest dir nichts darauf einbilden oder deinen Wert dadurch bestimmen lassen.

Kennst du die Geschichte vom Kamel, das in die Grube fiel? Niemand schaffte es, das Tier herauszuziehen. Darum wollten die Menschen es einfach bei lebendigem Leib begraben. Und so fingen sie damit an, Sand auf das arme Tier zu schütten. Aber immer, wenn eine weitere Schaufel Sand auf das Kamel fiel, schüttelte es den Sand ab, so dass dieser auf den Grubenboden fiel. Die Menschen schaufelten weiter Sand in das Loch. Und jedes Mal schüttelte das Kamel den Sand ab und trat diesen unter die Hufe. Schließlich wurde die Grube immer weniger tief und das Kamel stand bald auf so viel Sand, dass es schließlich aus der Grube watschelte.

Genau wie bei dem Kamel liegt es an dir, falsche Gedanken, Einstellungen und Stolz abzuschütteln. Ob dieser nun von anderen Menschen in deinen Kopf gesetzt wurden oder von dir selbst, spielt dabei nicht so eine Rolle. Und klar, es ist schwer, alles auf einmal zu tun und lang antrainierte Verhaltensmuster sofort zu ändern. Doch bleibe einfach dran, genau wie bei unserem Kamel. Schüttle es ab. Denn das wird riesengroße Auswirkungen haben für dein Leben.

Falls du gerade das Gefühl hast, in solch einem Gruben-Moment zu stecken, möchten wir dich ermutigen, dich darin mit Gott zusammen zu reflektieren:
- Reflektiere über deine Handlungen und Gedanken: Überlege, ob du in bestimmten Situationen stolz oder arrogant warst und was die Gründe dafür waren.
- Suche Feedback von anderen: Frage Freunde, Familie oder Kollegen, ob sie denken, dass du stolz oder arrogant bist und welche Verhaltensweisen du ändern solltest.
- Versuche die Meinungen und Entscheidungen anderer zu akzeptieren und zu respektieren, anstatt immer darauf bestehen zu müssen, dass deine Meinung die einzig richtige ist.
- Sei hilfsbereit: Indem du anderen hilfst, kannst du lernen, dich selbst als Teil einer größeren Gemeinschaft zu sehen und dich weniger auf dich selbst zu fokussieren.
- Bitte Gott um Vergebung, wo du dich falsch verhalten hast. Frage ihn, welche nächsten Schritte für dich dran sind.

Stolz führt dazu, dass man sich selbst über andere stellt und die Gefühle und Bedürfnisse anderer ignoriert, was gegen Gottes Idee von Nächstenliebe und Achtung steht. Stolz kann dazu führen, dass man Gottes Willen und Führung ablehnt und glaubt, man könne alles selbst entscheiden und kontrollieren.

Die schlimmste Form von Stolz ist es, wenn wir unsere eigene Unvollkommenheit und Sündhaftigkeit nicht erkennen und dadurch die Notwendigkeit der Erlösung durch Jesus Christus ablehnen.

Du siehst, diese Arten von Stolz bringen uns schlussendlich vor allem Kummer und Schmerz. Aber Gott hat einen anderen Plan mit dir. Er hat einen Traum für dich, in dem Stolz keinen Platz hat. Sein Plan ist, dass der Stolz immer kleiner und die Kraft der Liebe umso größer wird in deinem Leben!

Deine Aufgaben
Nimm dir nun etwas Zeit, um die folgende Frage zu beantworten und die Aufgabe zu bearbeiten.
– Hast du Momente in deinem Leben, in denen du negativen Stolz empfindest?
– Nutze die oben genannten Punkte, um über dein Leben zu reflektieren.

Gebet
Lieber Vater im Himmel. Du liebst mich, so wie ich bin. Ich möchte lernen, mich nicht über andere Menschen zu stellen, sondern sie so anzunehmen und zu lieben, wie sie sind. Bitte vergib mir, wo ich stolz und überheblich war. Danke, dass du mich aus meinem Gruben-Moment herausführst. Ich vertraue dir und deinem Plan für mein Leben.
Amen

Wenn alles anders kommt
1. Mose 37,18-36

Ich (Leo) hatte den Traum, als Evangelist unterwegs zu sein. Dabei wollte ich die Welt bereisen und vor allem Menschen zu Jesus führen. Doch dann kam es, dass die frisch gegründete Kirche ICF einen Leiter brauchte. Ich wusste ganz klar von Gott, dass ich das tun sollte. Und so folgte ich diesem Ruf von Gott. Aber gleichzeitig zerbrach etwas in mir. Ich wollte doch Evangelist sein und kein Pastor einer Kirche. Es schien, als müsste ich meinen Traum begraben.

Der Traum bringt dich in die richtige Richtung
Josef hatte seinen Traum. Und das löste etwas aus. Zum einen, dass er voller Stolz überall davon erzählen musste. Aber vor allem löste es etwas bei seinen Brüdern aus. Von Neid getrieben wurde Josef nun von seinen Brüdern an Sklavenhändler verkauft. Eben noch war er der privilegierte Sohn einer eher wohlhabenden Familie und kurz darauf war er ein Gefangener, der keine Rechte mehr hatte. Anstatt dass sich nach seinem Traum die Türen öffneten, schlug alles ins genaue Gegenteil um. Zur Zeit der Bibel war es für Sklaven in Ägypten sehr hart. Sie waren gezwungen, schwere Aufgaben wie die Arbeit auf den Feldern, im Bauwesen oder im Haushalt zu verrichten. Sie waren dem Willen ihrer Besitzer unterworfen und konnten jederzeit bestraft, verkauft oder getötet werden. Wie ging es wohl Josef in dieser Zeit?

Wie gesagt, zerbrach bei mir etwas, als ich die Aufgabe übernahm, die junge ICF-Kirche zu leiten. Das ist natürlich kein Vergleich zum Trauma und der Geschichte von Josef. Und trotzdem kann ich hier deutliche Parallelen zu meinem Leben sehen. Wie bei Josef, war es auch bei mir so, dass mich mein Traum auf den Weg brachte, den Gott für mich vorgesehen hatte. Mein Traum war zwar nicht vorbei, aber wie wahr ist doch das bekannte Sprichwort: Die Wege des Herrn sind unergründlich.

Das falsche Bild muss zerbrechen
Mein Bild, was es heißt, als Evangelist unterwegs zu sein, musste sich ändern. Und das tat es auch. ICF wuchs und es entstand ein Movement mit vielen weiteren Kirchen. Jahre später erklärte mir Gott dann etwas Entschei-

dendes: Dadurch, dass ich mit meinem Team zusammen nach und nach weitere Kirchen gründete, kamen mehr Menschen zum Glauben, als wenn ich als Evangelist herumreisen würde. Das war mein wirklicher Auftrag und auch mein Traum!

Wahrscheinlich hätte ich mich gar nicht bewegt, wenn Gott mir nicht diesen Traum vom Evangelisieren ins Herz gelegt hätte. Aber letztendlich führte mich Gott dann auf einen anderen Weg, als ich selbst gewählt hätte. Mein Traum hat mich in die richtige *Richtung* bewegt, doch es war noch nicht meine wirkliche *Bestimmung*. Dein Traum setzt dich in Bewegung, und dann wird dir Gott den Weg weisen.

Der Mensch denkt über vieles nach und macht seine Pläne, das letzte Wort aber hat der Herr.
Sprüche 16,1 | Die Bibel, Hoffnung für alle

Josef hatte den Traum, dass sich seine Brüder und Familie vor ihm verbeugen. Doch seine Vorstellung davon, wie das aussehen würde, musste sich ändern. Seine Perspektive war aus Gottes Sicht falsch und viel zu klein. Josef hatte in der Zeit der Sklaverei sicherlich mit Angst zu kämpfen, war verwirrt und zutiefst enttäuscht. Es schien, als wäre sein Traum ausgeträumt. Und vielleicht hatte Josef auch einige schwierige Fragen an Gott. Seine Gefühlslage können wir nur schwer erahnen. Aber diese Achterbahnfahrt der Emotionen zwischen Wut, Trauer, Angst, Enttäuschung und Verwirrung waren bestimmt sehr real.

Wie steht es um dich? Was ist bei dir passiert, nachdem du dir deines Traums bewusst wurdest? Haben sich die Türen geöffnet oder kam alles anders als erhofft? Hast du auch ein Gefühlschaos in dir und verstehst Gott nicht mehr?

Unser Sohn Simon hatte den Traum, Hollywood-Filme zu drehen. Schon seit klein auf sind Filme, Geschichten und eigenständig zu filmen seine Leidenschaft. Doch dann hörte er klar von Gott, er sollte die Kids-Church zusammen mit einem Team leiten. Das war irgendwie alles andere als sich mit der Filmwelt auseinanderzusetzen. Und auch bei ihm schien, als wäre der Traum erstmal ausgeträumt. Doch er hatte in einer Predigt einen Satz gehört, der ihn nicht mehr losließ: Die Liebessprache Gottes ist Gehorsam. Und so entschied sich Simon, seinen Traum nicht länger zu verfolgen, sondern die Kids-Church zu leiten.

Und dann kam die Corona Pandemie. Auf einmal war er gezwungen, für die Kids zuhause ein tolles Online-Kirchen-Angebot zu entwickeln. Und so kam es, dass er jede Woche neue Kurzfilme drehte für die Kinder unserer Kirche. Sein Traum, mit bewegten Bildern die Herzen der Menschen für Jesus zu berühren, kam anders als gedacht, aber es kam richtig!

Wenn du tief unten bist
Josef wurde von seinen Brüdern in einen leeren Brunnen geschmissen. Traum ausgeträumt. Was tun wir in solchen Zeiten? Viele Christen gehen leider davon aus, dass sie solche Momente umgehen können, übersehen dabei jedoch die Chancen, die es dabei zu entdecken gilt. Wenn es uns gut oder zu gut geht, kann es schnell passieren, dass wir das „gute Leben" als selbstverständlich nehmen. In Brunnen-Momenten aber denken wir darüber nach, ob wir unser Leben richtig gestalten und die Prioritäten richtig gesetzt haben. In einem „Brunnen" wird uns bewusst, um was es wirklich geht.

Lehre uns bedenken, dass wir sterben müssen, auf dass wir klug werden.
Psalm 90,12 | Die Bibel, Luther 2017

Josef entfernte sich gefühlt immer weiter von dem, was Gott ihm im Traum gezeigt hatte. Was sollte er nun tun? Trauern und aufgeben, um sich auf neue Sachen zu konzentrieren? Es ist interessant, was wir von Josef lesen, bevor er in die Sklaverei verkauft wurde, vor allem, was sein Mundwerk betraf.
Er war Meister darin ...
- schlecht über seine Brüder zu reden.
- überheblich von seinen Träumen zu erzählen.
- nach seinen Brüdern zu sehen, um dann von ihnen zu berichten.

Als dann aber alles anders kam, als er dachte, und er in die Sklaverei landete, lesen wir, dass Josef das tat, was vor seinen Füßen lag:
- Er diente Potifar.
- Er verwaltete sein ganzes Haus.
- Er hatte Erfolg bei der Arbeit durch Gottes Gunst.

Statt zu reden und zu berichten, arbeitete er im Haus Potifars und Gott segnete sein Handeln.

Gott kommt mit dir zum Ziel
Die Brüder dachten, wenn sie Josef seinen königlichen Mantel wegnehmen, wird er auch nie als König über sie herrschen. Sie dachten, es wäre jetzt vorbei. Doch Gott hatte etwas mit Josef vor. Und diese Form der Berufung lag nicht in einem Gewand, sondern auf ihm als Person.

Der Herr ist mein Hirte, mir wird nichts mangeln. (...) Er führet mich auf rechter Straße um seines Namens willen. Und ob ich schon wanderte im finstern Tal, fürchte ich kein Unglück; denn du bist bei mir, dein Stecken und Stab trösten mich.
Psalm 23,1-4 | Die Bibel, Luther 2017

Es mag auf dich wirken, dass der Weg keinen Sinn macht, den Gott dich führt. Aber er kommt mit dir zum Ziel, wenn du dich von ihm führen lässt! Verliere nicht den Mut, auch wenn der Weg in deinem Leben zurzeit holperig ist und es so aussieht, als ob du weit weg von deinem Traum bist. Beginne das zu tun, was vor deinen Füßen liegt. Konzentriere dich dabei auf deine Haltung und lass dein Herz von Gott formen. Glaube daran, dass Gott mit dir zum Ziel kommt.

„Weil Christus in mir lebt,
können mich Schwierigkeiten nicht stoppen,
können Menschen mich nicht brechen,
kann Geld mich nicht kaufen,
können Hassende mich nicht zum Schweigen bringen,
können Dämonen mich nicht besiegen."
Unbekannt

Deine Aufgaben
Nimm dir nun etwas Zeit, um die folgende Frage zu beantworten und die Aufgabe zu bearbeiten.
− Wenn du das Gefühl hast, dass dein Traum in weiter Ferne liegt, schreibe deine Gefühle und Gedanken auf und bringe sie zu Gott.
− Was könntest du zurzeit tun, was vor deinen Füßen liegt?

Gebet
Lieber Vater im Himmel. Danke, bist du stets bei mir. Du weißt, wie ich mich gerade fühle und was alles in mir los ist. Ich bitte dich, dass du mich ruhig machst und ich neu verstehe, wie sehr du mich liebst. Zeige mir, was meine nächsten konkreten Schritte sind, die ich ganz praktisch tun kann. Danke, dass du mich führst.
Amen

Fehler in der Geschichte
1. Mose 38

Fehler sind nie das Ende in Gottes Geschichte
Statt der Fortsetzung unserer Geschichte haben wir hier einen auf den ersten Blick etwas irritierenden Einschub. Wer sind diese Personen, von denen hier die Rede ist? Ohne den Hintergrund der damaligen Zeit zu verstehen, ist dieses Kapitel ziemlich befremdlich und verstörend. Es ist wichtig zu wissen: In der damaligen Kultur waren die nächsten männlichen Verwandten (Brüder oder Schwiegervater) verpflichtet, mit der überlebenden kinderlosen Witwe einen Erben zu zeugen. Aber die Söhne von Juda kommen dieser Versorgungspflicht gegenüber Tamar nicht nach. Und dann schwängert Juda „aus Versehen" seine Schwiegertochter, weil er eigentlich zu einer Prostituierten gehen wollte. Als ihm bekannt wird, dass Tamar schwanger ist, will er sie hinrichten lassen. Doch sie konfrontiert ihn mit seinem Fehlverhalten und kommt mit dem Leben davon. Was für eine dramatische Geschichte über die Abgründe menschlicher Ängste und menschlichen Versagens.

Wie der Vater, so der Sohn
Jakob verlor seinen Lieblingssohn Josef, oder zumindest glaubte er das. Darum setzte er später alles daran, seinen jüngsten Sohn Benjamin vor dem gleichen Schicksal zu bewahren.

Juda hatte zwei Söhne namens Er und Onan, die beide starben, bevor sie Kinder hatten. Und auch er versuchte, das Leben seines dritten Sohnes zu bewahren, indem er ihn nicht mit Tamar verheiraten wollte. Die Ähnlichkeiten sind auffällig: Jakob, der Vater von Josef, tat etwas Falsches, indem er Josef favorisierte, was das ganze Fiasko in der Geschichte ins Rollen brachte. Juda verhielt sich ebenfalls falsch, weil er Tamar ihr Recht vorenthielt. – Und doch kam letztendlich in beiden Geschichten etwas Gutes heraus. Wie kann das sein?

Es ist sehr einfach für uns, Jakobs und Judas Verhalten zu betrachten und ihre Fehler herauszustreichen. Ja, es waren Fehltritte, aber es war nicht alles verloren. Das sündige Verhalten dieser beiden Männer war nicht das Ende der Geschichte. Hast du gewusst, dass Gott auf „krummen Zeilen gerade schreiben" kann? Wir dürfen mit unserem Versagen zu Gott gehen. Umfallen ist menschlich, aber liegen zu bleiben ist teuflisch. Der Teufel, die Umstände und manchmal unsere Bequemlichkeit wollen, dass wir liegen bleiben. Doch es liegt an uns, es liegt an dir, wieder aufzustehen, um zu Gott zu gehen.

Wenn Fehler passieren
Ben Cohen und Jerry Greenfield, Gründer von Ben & Jerry's Ice Cream, starteten in den 1970er-Jahren mit einem Bagel-Lieferdienst, der jedoch nicht sehr profitabel war. Also waren sie bereit, Veränderungen anzunehmen und schauten sich nach neuen Ideen um. Da sie in Vermont lebten und es dort viele Kühe gab, beschlossen sie, eine Eismarke zu gründen. Diese Idee wurde zu einer der erfolgreichsten Eiscrème-Firmen aller Zeiten. Ähnliche Erfolgsgeschichten gibt es auch bei anderen Unternehmen, wie zum Beispiel bei Toyota und Wrigley's Kaugummi. Alle diese Gründer haben eines gemeinsam – sie waren offen für Veränderungen und haben auf ihre Intuition gehört. Es kann sein, dass du nur eine sanfte innere Stimme hörst. Was, wenn es eine göttliche Botschaft ist, nicht in der Niederlage zu verweilen, sondern alte Fehler hinter dir zu lassen? Was, wenn wir unseren Kurs ändern und sich tatsächlich Erfolg einstellt?

Angst lähmt uns. Wenn wir Angst vor dem Versagen haben, können wir uns nicht verbessern oder neue Wege gehen. Deshalb müssen wir uns selbst die Chance geben, zu wachsen und unsere Träume zu verfolgen, trotz der möglichen Fehler, die wir auf dem Weg machen. Und ja, Fehler bleiben Fehler. Falsches Verhalten ist falsch. Sünde ist Sünde. Aber wir können unseren Kurs korrigieren und wieder mutig vorangehen.

Denn es gibt keinen Menschen auf der Welt, der sich in allen Lebenslagen richtig verhält und niemals irgendetwas Schlechtes tut.
Prediger 7,20 | Die Bibel, Neues Leben

In diesem Vers spricht König Salomo davon, dass es keinen völlig rechtschaffenen Menschen auf der Erde gibt, der etwas Gutes erreicht, ohne zu sündigen. Salomo betont, dass es unvermeidlich ist, dass wir als fehlbare Menschen in der Welt interagieren und somit unvermeidliche Sünden und

Fehltritte begehen. Die einzige Möglichkeit, etwas Falsches zu vermeiden, wäre, nichts zu tun und sich in einer Höhle einzusperren. Doch diese Art von Passivität ist definitiv auch eine Art von Fehlverhalten und nicht der Plan Gottes für dein Leben. Es würde bedeuten, dass wir aus Angst, Fehler zu machen, gar nichts mehr wagen.

Aber das ist keine Freiheit. Das ist kein Leben, das sich zu leben lohnt. Ja, Fehler passieren und sie mögen sehr schmerzhaft sein. Aber sie dürfen nicht unser Verhalten und den Glauben an unseren großen Gott schmälern. Gott schreibt mit dir Geschichte, wie er es schon immer mit den Menschen getan hat. Wir alle begehen Fehler und manchmal erliegen wir sogar dem Drang zur Täuschung oder Manipulation. Gott weiß um all das. Und trotzdem will er mit uns den Traum verwirklichen. Die Frage ist, ob du bereit bist, deinen Fehler einzusehen, Gottes Vergebung anzunehmen und deine Niederlage hinter dir zu lassen. Gott vergibt dir und denkt nie wieder daran. Und genau das solltest du auch tun: dir vergeben und nicht mehr daran zurückdenken.

Und ich werde ihr Unrecht vergeben und nie wieder an ihre Sünden denken.
Hebräer 8,12 | Die Bibel, Neues Leben

Wenn du da draußen in der Welt das Leben leidenschaftlich lebst, dich deinem Leben verpflichtet fühlst, dich leidenschaftlich für deine Familie und deine Gemeinde engagierst, dich leidenschaftlich für deine Karriere und dein Geschäft engagierst, wirst du Fehler machen. Es wird passieren. Und weißt du was? Na und! Du wirst einen Fehler machen, einen Rückschlag erleiden und dann von dort aus weitermachen: klüger und mit neuer Erfahrung.

Deine Aufgaben
Nimm dir nun etwas Zeit, um die folgende Frage zu beantworten und die Aufgabe zu bearbeiten.
- Welcher Fehler in deinem Leben hat auch noch heute Einfluss auf dein Verhalten?
- Schreibe deinen Fehler auf ein Blatt Papier, bitte Gott um Vergebung und zerreiße oder verbrenne anschließend das Papier.

Gebet

Lieber Vater im Himmel. Ich bin nicht perfekt und mache Fehler. Du weißt das und du liebst mich trotzdem. Danke, hast du mit so unterschiedlichen Menschen und trotz ihrer Schwächen Geschichte geschrieben. Du siehst, was mir Schwierigkeiten macht und mich abhalten will, dem Traum von dir nachzugehen. Danke, dass du mir meine Fehler vergibst und nicht mehr daran denkst! Ich will es auch nicht mehr tun. Meine Vergangenheit soll und wird nicht mehr meine Zukunft bestimmen. Ich proklamiere heute, dass du mit mir noch nicht am Ende bist und es nichts gibt, was uns trennen kann. Danke dir.
Amen

Schmerz loslassen
1. Mose 38

„Du kannst nicht das nächste Kapitel deines Lebens beginnen, wenn du ständig den letzten Abschnitt wiederholst."

Michael McMillan

Wir sind immer noch in dem Einschub bei der Josef-Geschichte, die einen aufhorchen lässt. Wie schon gesehen, gab es verschiedene Parallelen von Juda und Jakob. Fehler sind nicht das Ende von Gottes Geschichte und seinem Plan mit uns. Nun wollen wir einen Blick auf den Vater von Josef werfen: Jakob.

Lass das Alte los
Jakob verließ Beerscheba und machte sich auf den Weg nach Haran.
1. Mose 28,10 | Die Bibel, Neues Leben

Man könnte sich fragen, warum dieser Vers nicht einfach besagt: „Und Jakob machte sich auf den Weg nach Haran." Schließlich weiß man aus den vorangegangenen Kapiteln bereits, dass Jakob in Beerscheba ist. Warum also diese Zusatzinformation? Die jüdische Weisheit besagt, dass in der Tora kein Buchstabe überflüssig ist. Jedes Wort hat seine Bedeutung. Demzufolge ist es wichtig zu verstehen, dass die Worte „und Jakob verließ Beerscheba" eine wichtige Botschaft übermitteln. Diese extra Erwähnung verdeutlicht nicht nur, was er tat, sondern auch, dass er Beerscheba aus seinem Kopf entfernen musste, bevor er sich nach Haran aufmachen konnte. Sie zeigen uns, dass wir erst unser altes Schicksal hinter uns lassen müssen, bevor wir eine neue Zukunft in Angriff nehmen können. Ohne diese Trennung von der Vergangenheit werden wir niemals erfolgreich sein. Bevor Jakob nach Haran reisen konnte, musste er Beerscheba verlassen und bereit sein, sein altes Leben hinter sich zu lassen.

Sein altes Leben war geprägt von Betrug an seinem Bruder und auch an seinem Vater. All seine Vergangenheit und seinen Schmerz verband er mit diesem Ort. Nun ging es vorwärts nach Haran. Doch wir können uns vorstellen, dass die Angst davor, sich von Vertrautem zu trennen, Jakob das Loslassen sehr schwer gemacht hat. Das Herz und der Verstand klammert sich gerne an das Bekannte. Doch um vorwärtszukommen, musste Jakob – und müssen auch wir – uns von alten Gewohnheiten und Mustern lösen und uns auf das Unbekannte einlassen. Das erfordert Mut und Überwindung. Wie bei einer Hängebrücke müssen wir den festen Boden verlassen, um auf die andere Seite zu gelangen. Aber um erfolgreich zu sein, müssen wir bereit sein, Altes loszulassen und Neues zuzulassen.

In dem Einschub der Josefsgeschichte sehen wir Juda, der sich nach dem Verlust seiner zwei Söhne nicht im Stande sah, seinen letzten Sohn der Schwiegertochter als Mann zu geben. Er hielt an der Vergangenheit und seinem Schmerz fest, statt voranzugehen. Erst nach seinem eigenen Fehler sah er dies ein und ließ seinen Schmerz endgültig los, indem er Tamar als seine Ehefrau und ihre Kinder als die rechtmäßigen Erben annahm. Auch das Volk Israel musste diese wichtige Lektion einige Generationen später, als es aus der Sklaverei befreit wurde, erneut lernen. Physisch hatten sie zwar Ägypten verlassen und waren unterwegs, um Kanaan einzunehmen. Aber gleichzeitig steckten sie mit Kopf und Herz noch in der Sklaverei fest. Statt sich auf das Wunderbare einzulassen, das Gott mit ihnen vorhatte, sehnten sie sich sogar nach Ägypten zurück. So kam leider erst die nächste Generation ins „Gelobte Land", weil die ältere Generation nicht dazu bereit war.

Wovon bist du enttäuscht?
Welcher Schmerz oder welche Enttäuschung begleitet dich bis heute und lässt dich nicht los? Wir alle haben Erfahrungen gemacht, die uns prägten. Vielleicht der Verlust eines geliebten Menschen, das Scheitern einer Beziehung oder der (Unter-) Bruch eines Traums. Diese Erlebnisse bleiben uns oft lange im Gedächtnis und können uns in schwierigen Situationen wieder einholen. Plötzlich reagieren wir mit Angst und können keinen klaren Kopf mehr bewahren und sinnvolle Entscheidungen treffen. Wenn du das kennst, dann erinnere dich daran, was Gott schon alles in deinem Leben bewegt hat. Allein, dass du am Leben bist, atmest und dieses Buch hier lesen kannst, zeigt, dass Gott dich stets versorgt hat. Es zeigt, dass Gott noch nicht mit dir fertig ist.

Herr, ich erinnere mich an alles, was du getan hast, an alle Wunder, die du einst vollbracht hast.
Psalm 77,12 | Die Bibel, Neues Leben

Richte deinen Fokus auf Gott
Dieses Bewusstwerden von Gottes Größe hilft dir, deinen Schmerz, deine alten Muster, dein Beerscheba zurückzulassen. Wie bei Jakob ist es wichtig, diese Enttäuschung, den Schmerz und das daraus resultierende Verhalten aus deinem Denken zu eliminieren. Ein guter Tipp ist, den Sabbat/Sonntag dafür zu nutzen. Denn an diesem Tag schauen wir zurück auf das, was Gott in unserem Leben getan hat. Dieser Tag dient uns als immer wiederkehrende Pause im Rhythmus des Alltags, um darüber nachzudenken, wie treu unser Gott ist. Dabei lenken wir den Blick von dem, was uns bedrückt, auf den, der uns rettet. Was ist das konkret bei dir? Was tat Gott bis jetzt alles in deinem Leben?
Lass dein Handeln nicht von deinem Schmerz und deiner Enttäuschung bestimmen, sondern vom Glauben an unseren treuen Gott.

Hältst du noch fest?
Wir wollen dir Mut machen, deinen Verlust und deine Enttäuschungen loszulassen. Trauer braucht Zeit und Unterstützung. Aber ebenso ist es eine Entscheidung, den Schmerz und die Enttäuschung loszulassen, um Neues zu wagen. Worauf wartest du? Gott will dir das Alte und Abgestandene abnehmen. Erinnere dich daran, was Gott in deinem Leben schon alles getan hat. Und dann empfange von Gott einen neuen und frischen Glauben für deine Zukunft!

Du hast mir die Kraft eines Wildstiers gegeben, / mit frischem Öl hast du mich gesalbt.
Psalm 92,11 | Die Bibel, Neue evangelistische Übersetzung

Schaut nach vorne, denn ich will etwas Neues tun! Es hat schon begonnen, habt ihr es noch nicht gemerkt? Durch die Wüste will ich eine Straße bauen, Flüsse sollen in der öden Gegend fließen.
Jesaja 43,19 | Die Bibel, Hoffnung für alle

Gehört also jemand zu Christus, dann ist er ein neuer Mensch. Was vorher war, ist vergangen, etwas völlig Neues hat begonnen.
2. Korinther 5,17 | Die Bibel, Hoffnung für alle

Ihr sollt euer altes Leben wie alte Kleider ablegen. Folgt nicht mehr euren Leidenschaften, die euch in die Irre führen und euch zerstören. Lasst euch

in eurem Denken verändern und euch innerlich ganz neu ausrichten. Zieht das neue Leben an, wie ihr neue Kleider anzieht. Ihr seid nun zu neuen Menschen geworden, die Gott selbst nach seinem Bild geschaffen hat. Jeder soll erkennen, dass ihr jetzt zu Gott gehört und so lebt, wie es ihm gefällt.
Epheser 4,22-24 | Die Bibel, Hoffnung für alle

Der auf dem Thron saß, sagte: „Sieh doch, ich mache alles neu!" Und mich forderte er auf: „Schreib auf, was ich dir sage, alles ist zuverlässig und wahr."
Offenbarung 21,5 | Die Bibel, Hoffnung für alle

Deine Aufgaben
Nimm dir nun etwas Zeit, um die folgende Frage zu beantworten und die Aufgabe zu bearbeiten.
- Was hat Gott schon alles in deinem Leben bewirkt?
- Formuliere deinen Schmerz und deine Enttäuschung auf einem Blatt Papier. Anschließend bete zu Gott, gib ihm den Schmerz. Zerreiße oder verbrenne dann das Stück Papier.

Gebet
Lieber Vater im Himmel. Ich danke dir, dass du mein Herz, meine Gefühle und auch meinen Schmerz und meine Enttäuschungen siehst. Ich will ab heute nicht mehr daran festhalten. Ich gebe dir jetzt meine Enttäuschung über den Verlust. Ich lasse all das los, was mich bis jetzt eingeengt hat. Du bist mein Tröster. Danke, dass du mir Ruhe und Gelassenheit gibst. Danke für all das Gute, was ich schon mit dir erleben durfte. Erinnere mich daran. Und du bist noch nicht am Ende mit mir. Danke, dass du Gutes für mich bereithältst. Ich staune schon jetzt darüber, was du in und durch mein Leben bewirken wirst. Ich liebe dich.
Amen

Gottes Gunst ist mit dir
1. Mose 39,1-6

„*Gunst kann man nicht erzwingen, aber man kann etwas dafür tun.*"
Unbekannt

Wir sind nun wieder in der Geschichte von Josef. Nach dem Verkauf seiner Brüder an die Sklavenhändler kommt er zu Potifar, einem hohen Beamten des Pharaos. Wir lesen, wie er in sein Haus kommt und dort einfach das tut, was von ihm verlangt wird. Sicherlich blieben ihm nicht viele Wahlmöglichkeiten, als seinem Besitzer gehorsam zu sein. Aber es schwingt in den Versen noch etwas anderes mit. Denn Gott war mit ihm und es glückte ihm alles.

Potifar bemerkte, dass der Herr mit Josef war und ihm in allem, was er unternahm, Erfolg schenkte. Deshalb fand er seine Gunst und wurde Potifars persönlicher Diener. Schon bald übertrug Potifar Josef die Aufsicht über sein Haus und die Verwaltung seines gesamten Besitzes.
1. Mose 39,3-4 | Die Bibel, Neues Leben

Potifar fiel auf, wie sehr sich Josef bemühte, so dass er nun Josef alles in seinem Haus anvertraute. Gott segnete Josef und durch ihn auch das Haus von Potifar. Josef hatte Gunst von Gott.

Was ist Gunst?
Gunst bezieht sich im Allgemeinen auf eine besondere Wertschätzung, ein besonderes Wohlwollen oder eine besondere Begünstigung, die jemand von einer anderen Person oder von Gott erhalten kann. In Bezug auf die Beziehung zu Gott bezieht sich Gunst auf die Liebe, das Wohlwollen und die Fürsorge, die Gott für eine Person empfindet, sowie auf die besondere Hilfe und Unterstützung, die Gott dieser Person schenkt. In der Bibel wird Gunst oft als Gottes unverdiente und übernatürliche Unterstützung und Wohltat für seine Kinder beschrieben. Die Bibel betont, dass die Gunst von Gott nicht aufgrund unserer eigenen Verdienste oder Bemühungen verdient werden kann. Sie wird uns aufgrund von Gottes Gnade und Barmherzigkeit geschenkt.

Die Gunst Gottes kann sich auf verschiedene Weise zeigen, zum Beispiel in materiellem Segen, geistlichem Wachstum, spiritueller Stärke, geistiger Klarheit oder in der Erfüllung von Bedürfnissen oder Wünschen. Letztendlich ist die Gunst Gottes ein Zeichen von Gottes Liebe und Sorge für seine Kinder, die uns durch schwierige Zeiten hindurch trägt und uns befähigt, das Leben auf eine Weise zu leben, die ihm Ehre und Ruhm bringt. Aber haben wir das als seine Kinder nicht alle automatisch? Gunst von Gott?

Wir lesen über Jesus folgenden Vers:

> *Und Jesus nahm zu an Weisheit und Alter und Gunst bei Gott und Menschen.*
> Lukas 2,52 | Die Bibel, Elberfelder

Dies steht im Kontext, als Jesus als Junge im Tempel war, um dort im Haus seines Vaters zu sein und sich mit anderen über Gottes Wort auszutauschen. Die Gunst wuchs „bei Gott und Menschen." Im Grundtext der Bibel steht dazu das Wort: „charis". Dieses Wort bedeutet Gnade, ersehnte Freundlichkeit, Wohltat, Dank, Dankbarkeit, Gunst und Annahme. Es kommt von dem Wort „chairo", was sich freuen oder Freude bedeutet. Diese Freude und Dankbarkeit stehen in einem direkten Zusammenhang mit dem Auseinandersetzen von Jesus mit Gottes Wort im Tempel. Als seine Eltern ihn suchten und schließlich fanden, sagte Jesus:

> *„Warum habt ihr mich denn gesucht?", erwiderte Jesus. „Wusstet ihr nicht, dass ich im Haus meines Vaters sein muss?"*
> Lukas 2,49 | Die Bibel, Neue Genfer Übersetzung

Jesus wollte in der Gegenwart seines himmlischen Vaters, der Quelle von allem Leben, an der Quelle der Gunst sein.

Schritte zu Gunst im Leben
Die Gnade von Gott und seiner Liebe ist unverdient. Jedoch können wir uns dazu entscheiden, darin zu leben oder nicht. Wir können Gott glauben und ihn auf uns wirken lassen oder eben nicht. Wie bei Jesus, als er auf der Erde war, wuchsen diese Gunst, Gnade und Dankbarkeit in seinem Leben, weil er sich der Gegenwart seines Vaters aktiv aussetzte und auf ihn hörte.

Suche das Übernatürliche
Strecke dich danach aus, dass Gott übernatürlich in deinem Leben wirkt. Heute und jetzt in deinem Alltag. Das erfordert Glaube und Vertrauen. Du darfst darauf vertrauen, dass Gott zu seinem Wort steht und zu dem, was er versprochen hat. Es ist unmöglich, dass wir seine Gunst, Wunder und Übernatürliches nicht erleben, wenn wir Gott glauben und Schritte im Gehorsam gehen.

Ihr seht also, dass es unmöglich ist, ohne Glauben Gott zu gefallen. Wer zu ihm kommen möchte, muss glauben, dass Gott existiert und dass er die, die ihn aufrichtig suchen, belohnt.
Hebräer 11,6 | Die Bibel, Neues Leben

Arbeite an deinem Charakter
Gott nachzufolgen, hat immer Auswirkungen. Manchmal wird es dir ganz leicht fallen und ein anderes Mal wird es dich Überwindung kosten, dranzubleiben und ihm zu vertrauen. Aber in all dem formt sich mehr und mehr dein Charakter. Traue dich, aktiv mit Gott zu kooperieren, indem du dich von Gottes Ideen für dein Leben leiten lässt.

Nichts, keinen einzigen Teil eures Körpers, sollt ihr der Sünde als Werkzeug für das Unrecht zur Verfügung stellen. Dient vielmehr Gott mit allem, was ihr seid und habt. Als Menschen, die ohne Christus tot waren, aber durch ihn neues Leben bekommen haben, sollt ihr jetzt Werkzeuge in Gottes Hand sein, damit er euch für seine Ziele einsetzen kann.
Römer 6,13 | Die Bibel, Hoffnung für alle

Bete zu Gott
Die Gunst Gottes ist kein Verdienst, sondern eine natürliche Folge von deiner Beziehung, die du mit Gott hast. Aber es besteht oft ein direkter Zusammenhang zum Lebensstil einer Person und der Gunst, die sie von Gott erfährt. Als Salomo im Alten Testament Gott angebetet hatte und ihm überdurchschnittlich viel geopfert hatte, gab Gott ihm als Antwort auf seine überschwängliche Anbetung die Gunst, einen Herzenswunsch zu erfüllen (siehe 1.Könige 3). Wenn du Gott suchst, in seiner Nähe und Intimität bleibst, wird das immer positive Auswirkungen auf dein Leben haben.

Bleibe dran

Wir wünschen uns alle, dass die Dinge schnell gehen. Eben etwas bestellt und möglichst sofort geliefert bekommen. Gerade eben kennengelernt und sofort die beste Beziehung haben. Manchmal gibt es Situationen, in denen das der Fall ist. Aber andere Dinge setzen Zeit, Geduld und Vertrauen voraus. Gott ist Gott. Er meint es gut mit dir, auch wenn du nicht immer sofort das erlebst, was du dir vorgestellt hast. Es bleibt, dass er dich liebt und segnen will. Darum bleibe beständig an Gott dran. Sei geduldig, sei treu.

Werft dieses Vertrauen auf den Herrn nicht weg, was immer auch geschieht, sondern denkt an die große Belohnung, die damit verbunden ist!
Hebräer 10,35 | Die Bibel, Neues Leben

Wie sieht gerade dein Leben aus? Bist du nah an der Erfüllung deines Traums? Oder bist du ähnlich wie Josef völlig am Boden und im Gegenteil deiner eigentlichen Vorstellungen angekommen? Auch wenn es nicht einfach ist und du es nicht mehr hören magst: Tue das, was jetzt naheliegend ist und sei treu. Gott wird das segnen. Gott wird dich segnen. Und Gott wird, wie in der Geschichte von Josef, dein Umfeld segnen. Denn wenn Menschen treu und aufrichtig sind, bleibt es nicht aus, dass Gott Gunst schenkt. Und das wird den Menschen um dich herum, den Potifars in deinem Leben, auffallen.

Dein von Gott gegebener Traum ist vielleicht noch nicht wahr geworden. Aber verliere nicht den Mut, wenn deine jetzige Situation alles andere als deinem Traum entspricht. Sei mutig, die Dinge anzugehen, die jetzt vor dir liegen. Josefs Reise vom verwöhnten Teenager mit einem tollkühnen Traum hin zum Sklaven in Ägypten, führte ihn in die nackte Realität seines unpolierten Charakters. Nun war er bei dem ägyptischen Beamten nicht mehr der bevorzugte Sohn, sondern ein Sklave. Diese unverschuldete Situation ließ ihn nicht bitter werden, sondern er begann zu dienen. Seine Haltung und sein Verhalten bei Potifar formten seinen Charakter und ließen ihn reifen. Nutze deine Situation genau dafür: Sei treu. Suche Gott. Arbeite an deinem Charakter. Denn Gott ist immer noch mit dir. Egal wo du gerade bist. Und er will dir seine Gunst schenken.

Wer nach deinem Willen lebt, den beschenkst du mit deinem Segen, deine Liebe umgibt ihn wie ein schützender Schild.

Psalm 5,13 | Die Bibel, Hoffnung für alle

Deine Aufgaben
Nimm dir nun etwas Zeit, um die folgende Frage zu beantworten und die Aufgabe zu bearbeiten.
– Welche konkreten Schritte könntest du heute gehen, um mit Gott Gemeinschaft zu haben?
– Schreibe dir einmal auf, wo du schon jetzt Gottes Gunst in deinem Leben siehst.

Gebet
Lieber Vater. Ich danke dir, dass du immer treu zu mir stehst und mich nicht verlässt. Ich danke dir, dass du auch heute in meiner jetzigen Situation bist. Ich entscheide mich heute, dich von Herzen zu suchen und in deiner Nähe zu sein. Deinen Willen will ich tun und dir gehorsam sein. Forme du mein Herz und auch meinen Charakter. Ich vertraue dir. Danke, segnest du mich und mein Umfeld. Ich liebe dich.
Amen

VOR DEINEN FÜßEN

Vor deinen Füßen
1. Mose 39,1-6

Wir dienen Gott, indem wir das tun, was er uns vor unsere Füße legt. Das Problem liegt darin, dass Dienen und Unterordnung heute nicht mehr beliebt oder angesagt sind. Im Gegenteil, in der westlichen Kultur werden wir darauf ausgerichtet, Autoritäten mit Zweifel und Kritik zu begegnen. Neulich las ich (Leo) folgenden Abschnitt aus einem Buch von Rabbi Lapin:

> *„Unsere Schulen versäumen es, die Fähigkeit zur Akzeptanz von Autorität zu vermitteln und vernachlässigen sogar praktische Fähigkeiten. Stattdessen wird den Schülern das Konzept der Unabhängigkeit vermittelt. Es ist bedauerlich, dass heute Lehrer von ihren Schülern bewertet werden und diese Bewertungen als Kriterium für deren Leistung herangezogen werden. Diese Entwicklung ist falsch. Früher wurden die Schüler darauf vorbereitet, sich unterzuordnen und ihren Vorgesetzten zu dienen, damit sie bereit waren, für jemanden zu arbeiten. Unsere Schulen lehren auch, dass Toleranz gegenüber allen Ansichten notwendig ist und dass alle Meinungen gleichermaßen gültig sind, aber das stimmt nicht. Wenn du für jemanden arbeitest, seien es Arbeitgeber oder Kunden, ist deine Meinung nicht so gültig oder wichtig wie deren. Punkt."*
>
> Rabbi Daniel Lapin

Man kann nun von der Aussage halten, was man möchte. Aber Tatsache ist, dass die Bibel voll ist von Gedanken und Aufforderungen, eine dienende Haltung einzunehmen.

Josef diente

1. Mose 39,1-6 beschreibt, wie Josef als Sklave nach Ägypten verkauft wird und in Potifars Haus arbeitet. Potifar, ein hoher Beamte des Pharao, erkennt, dass Josef ein außergewöhnlich fähiger und erfolgreicher Mann ist, und befiehlt ihm, über sein gesamtes Haus zu herrschen. Aufgrund von Josefs Gunst bei Gott und seiner Weisheit und Ehrlichkeit erlangt er das Vertrauen von Potifar und wird mit großer Verantwortung betraut. Josef zeichnete sich dadurch aus, dass er diente und tat, was vor seinen Füßen lag. Klar, als Sklave hatte er keine große Wahl, diese Arbeiten zu verrichten. Aber er

hatte eine Wahl, wie er diese tun würde! Egal, wie sehr du dich von deinem Traum, deinem „Sweet Spot" entfernt fühlst, du hast immer eine Wahl, wie du deine Aufgaben erledigst.

Im Judentum wird Arroganz als das schwerwiegendste Fehlverhalten angesehen, da sie impliziert, dass man die wichtigste Person auf der ganzen Welt sei. Dies ist natürlich falsch, da Gott wichtiger als jeder Einzelne ist. Josef wusste das und handelte danach. Es ist wichtiger, anderen zu dienen als sich selbst. Jeder Mensch, dem du begegnest, ist eine Chance, dich als Diener zu engagieren, statt dich zu einem Gefangenen der eigenen Arroganz zu machen.

Diene den anderen
Aber mal ganz ehrlich: Dienen klingt nicht so berauschend. Wer will das schon: ein Diener sein. Alle, die nicht unter einem Helfersyndrom leiden, wollen das doch nicht freiwillig tun. Was hat sich Gott nur bei den vielen Bibelstellen gedacht, bei denen es ums Dienen geht? Es gibt den interessanten Spruch: „Solange du nicht wie ein Diener behandelt wirst, dienst du noch nicht wirklich." – So und nun hätte ich absolut keine Lust mehr weiterzulesen... und vielleicht geht es dir da auch so wie mir. Dienen hat einfach einen schlechten „Ruf". Aber lass uns entdecken, was wirklich dahintersteckt.

Jesus hat gedient
Wer groß sein will, der soll den anderen dienen, und wer der Erste sein will, der soll sich allen unterordnen. Denn auch der Menschensohn ist nicht gekommen, um sich bedienen zu lassen. Er kam, um zu dienen und sein Leben als Lösegeld hinzugeben, damit viele Menschen aus der Gewalt des Bösen befreit werden.
Matthäus 20,26b-28 | Die Bibel, Hoffnung für alle

In der Textstelle lesen wir, dass auch Jesus gedient hat. Er war und ist der Sohn Gottes. Also hätte es doch gerade umgekehrt sein müssen, oder? Man könnte denken, Jesus hätte sich von allen anderen bedienen lassen sollen. Aber Gott ist eben anders als wir Menschen. Es ging ihm nicht um seinen eigenen Vorteil, sondern er liebte die Menschen und half ihnen: mal mit Worten, mit Taten, mit praktischer Hilfe, mit Wundern usw. Er sah die anderen. Es war sein Anliegen, dass sie die Liebe Gottes erlebten.

Was tat Jesus nicht beim Dienen? Er vernachlässigte seine eigenen Bedürfnisse nicht. So suchte er regelmäßig die Einsamkeit und zog sich zurück. Er diente nicht jedem und allen, sondern traf eine Auswahl an Menschen, denen er diente (seine zwölf Jünger; seine engeren Freunde; zog weiter trotz großer Menschenmenge; usw.). Die Bibel sagt, dass er nur das tat, was er seinen Vater tun sah (siehe Johannes 5,19).

„Es ist besser zu dienen, als bedient zu werden."
Mutter Teresa

Dienen tut dir gut
Wenn du Vater oder Mutter bist, weißt du sehr gut, was Dienen bedeutet. Du liebst dein Kind und wünscht ihm nur das Beste. Dafür setzt du dich ein, übernimmst Verantwortung und ... dienst. Mal mit einfachen Sachen oder indem du einfach da bist; mal mit starken Nerven und indem du ihm Grenzen setzt. Mal mit einem Chauffeurdienst; mal mit einem aufrichtigen „Ich liebe dich" usw. Du musst dich zum Dienen nicht verstellen und kannst das auf deine ganz eigene Art tun. Aber gleichzeitig stellst du dich und deine Wünsche zurück, um deinem Kind zu dienen.

Die Psychologie sagt, dass wir alle ein gewisses Maß an Helferinstinkt, Empathie und Mitgefühl besitzen. Wir sind so geschaffen. Man könnte sogar sagen, wir sind geschaffen zum Dienen. Wenn wir als soziale Wesen anderen etwas Gutes tun, tut es auch uns selbst gut. Echtes Dienen ist ein großes Geheimnis. Wir sind dafür geschaffen, dass wir einander brauchen, einander unterstützen, Mut machen, helfen und füreinander sorgen. Diese Art von Dienen ist eine Form der Liebe, die in Taten sichtbar wird. Dieses Dienen ist dein Geschenk an deinen Nächsten und gleichzeitig ein Geschenk an dich selbst. Denn Dienen tut uns gut.

Alles, was ihr tut, das tut von Herzen als dem Herrn und nicht den Menschen, denn ihr wisst, dass ihr von dem Herrn als Lohn das Erbe empfangen werdet. Dient dem Herrn Christus!
Kolosser 3,23-24 | Die Bibel, Luther 2017

Was liegt vor deinen Füßen?
Was (oder wer) liegt heute vor deinen Füßen? Wie könntest du dort dienen?
- Bei deiner Familie?
- Bei deiner Arbeitsstelle, die du vielleicht nicht magst?
- Bei deinen Arbeitskollegen und -kolleginnen?
- In deiner Nachbarschaft?
- In deiner Kirche?
- In der Bahn, mit der du gerade unterwegs bist?
- ...

Wir wollen alle möglichst schnell das große Ziel und unseren Traum erreichen. Aber das, was vielleicht jetzt gerade dran ist, wollen wir nicht tun. Dabei verpassen wir so viele Möglichkeiten, anderen zu helfen, zu dienen und dabei auch an unserem Charakter zu arbeiten. Traue dich, dich zurückzunehmen und anderen und Gott zu dienen.

Ihr seid berufen, liebe Freunde, in Freiheit zu leben – nicht in der Freiheit, euren sündigen Neigungen nachzugeben, sondern in der Freiheit, einander in Liebe zu dienen. Denn das ganze Gesetz lässt sich in dem einen Wort zusammenfassen: „Liebe deinen Nächsten wie dich selbst."
Galater 5,13-14 | Die Bibel, Neues Leben

Diene und träume
Josef hatte in dieser Zeit bei Potifar gedient. Was aber sollte er mit seinem Traum machen? Loslassen oder weiter daran glauben? Oft haben Leute Visionen oder Wünsche, was sie mit ihrem Leben bewirken möchten. Die Frage, die sich stellt, ist: Was ist jetzt dran und was liegt in der Zukunft? Ich möchte dir diese Spannung anhand einer Geschichte erklären:

Ein Wanderer fragte seinen Reiseführer: „Wir laufen schon seit Stunden über Hügel, durch dichten Wald und auf schmalen Pfaden. Wie ist es möglich, dass du nicht die Orientierung verlierst?" Der Führer antwortete: „Ich habe eine kurze Sicht und eine weite Sicht. Mit dem einen Auge schaue ich auf das, was direkt vor meinen Füßen liegt, und mit dem anderen Auge lasse ich mir durch die weit entfernten Sterne den Weg zeigen."

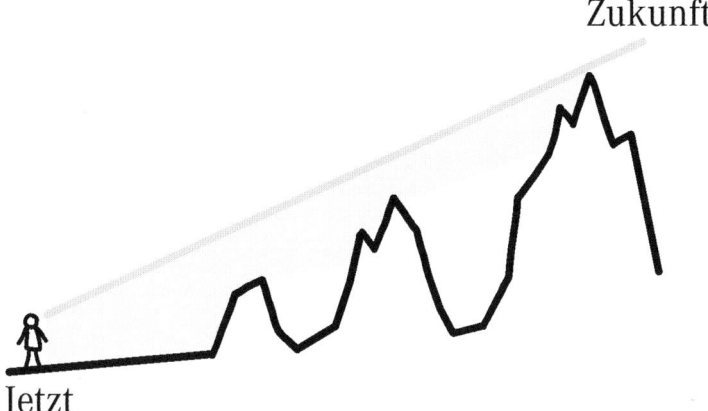

Jetzt

Beginne heute damit, das zu tun, was vor deinen Füßen liegt und höre nicht auf zu vertrauen, dass der Traum, den Gott dir aufs Herz gelegt hat, Wirklichkeit wird.

Nur wer im Kleinen treu ist, wird es auch im Großen sein. Wenn ihr bei kleinen Dingen unzuverlässig seid, werdet ihr es auch bei großen sein.
Lukas 16,10 | Die Bibel, Hoffnung für alle

Deine Aufgaben
Nimm dir nun etwas Zeit, um die folgende Frage zu beantworten und die Aufgabe zu bearbeiten.
— Was liegt vor deinen Füßen, bei dem du anderen Menschen dienen könntest?
— Schreibe dir einmal auf, warum es dir ggf. schwerfällt, anderen zu dienen und dich unterzuordnen. Besprich das anschließend mit Gott im Gebet.

Gebet
Danke Jesus, hast du mir gedient und tust es immer noch. Du warst dir nicht zu schade, alles zu geben, damit ich in Freiheit leben kann. Ich entscheide mich heute, anderen Menschen zu dienen. Ich will lieben, wie du liebst und dienen, wie du dienst. Danke, dass du mir dabei hilfst. Danke, kann ich dir vertrauen, dass du mit mir zum Ziel kommst. Ich liebe dich.
Amen

versucht

bestanden

Versucht und bestanden
1. Mose 39,7-3

„Meine Versuchungen waren die Reifeprüfungen meines Lebens."
Martin Luther

Irgendwann bekommt jeder Mensch einmal ein Angebot, das zu attraktiv scheint, um es auszuschlagen. Eine kleine Schummelei, ein fauler Deal, eine schäbige Allianz. Erfolgreiche Menschen zeichnen sich nicht selten dadurch aus, dass sie solche krummen Touren mitgemacht haben, auf dem Schnellweg an die Spitze die eine oder andere verbotene Abkürzung genommen haben. Sie haben sich den Ring der Macht übergestreift. Nur vorübergehend, haben sie sich eingeredet. Doch dann gewöhnen sie sich an das Privileg.

Am Anfang jeder Heldenreise steht die Prüfung. Josef war zwar Sklave, aber er hatte eine große Aufgabe übernommen. Potifar, ein hoher Beamter im damaligen Ägypten, übertrug ihm die Verantwortung für seinen ganzen Besitz. Josef verwaltete alles und hatte die Autorität, die Geschäfte Potifars zu lenken. Man könnte meinen, dass es nun langsam in Richtung Traumerfüllung von Josef ging. Er war fähig, treu und Gott schenkte ihm in allem Gelingen. Dazu sah Josef auch noch blendend aus. Das bemerkte auch Potifars Frau.

So kam es, dass die Frau seines Herrn ein Auge auf ihn warf. „Schlaf mit mir!", sagte sie zu ihm.
1.Mose 39,7 | Die Bibel, Neue Genfer Übersetzung

Josef lehnte höflich ab. Doch sie bedrängte ihn immer und immer wieder, bis sie sogar handgreiflich wurde und ihn dazu nötigen wollte, mit ihr ins Bett zu steigen.

Doch er riss sich los und flüchtete hinaus. Das Gewand blieb in ihrer Hand zurück.
1. Mose 39,12b | Die Bibel, Neue Genfer Übersetzung

Anschließend beschuldigte sie Josef, dass er sie vergewaltigen wollte. Als das Potifar von seiner Frau hörte, wurde er zornig und warf seinen besten Verwalter direkt ins Gefängnis. Was für eine Wendung in der Geschichte Josefs! Eben noch ein mächtiger Mann im Hause eines wichtigen Hofbeamten des Pharaos und jetzt unschuldig im Gefängnis.

Wo wirst du versucht?
Wir alle haben Punkte in unserem Leben, bei denen wir versucht sind, uns falsch zu verhalten. Das kann bei jeder Person anders aussehen. Da sind die typischen Themen wie Geld, Sex und Macht. Aber auch einfach ein Hang zur Bequemlichkeit oder das Bedürfnis nach Ruhm und Anerkennung können ein Grund dafür sein, dass man einer Versuchung nachgibt. Und es muss ja auch nicht immer so dramatisch daherkommen wie bei Josef. Manchmal sind es die kleinen Dinge. Wie heißt es doch gleich: Der Teufel liegt im Detail.
Ist das Tricksen bei der Steuererklärung nun wirklich Betrug oder einfach nur ein Kavaliersdelikt? Ist der Wunsch nach mehr Anerkennung ganz natürlich oder ein falsches Streben nach Macht? Wenn uns das Lob von dieser einen Person mehr bedeutet als von anderen Menschen, ist das gleich schon ein offenes Tor zum Flirten? Du kennst sicherlich deinen Bereich, bei dem du darauf achten musst, deinen Werten und deinem Glauben gemäß zu handeln. Der Teufel hat es nicht geschafft, dich davon abzuhalten, Jesus nachzufolgen. Umso wichtiger ist es ihm, dich zu Fall zu bringen. Damit du selbst und dein Glaube klein werden.

In seinem Brief an die Römer betont Paulus, dass jeder Mensch, unabhängig von seinem Glauben, ein Gewissen hat. Dieses innere Lebensgesetz zwingt uns, bestimmte Dinge zu tun oder zu unterlassen (Römer 2,15). Ein Ureinwohner Nordkanadas beschreibt diese Tatsache sehr eindrücklich, indem er das Gewissen als kleine, dreieckige Struktur im Menschen darstellt. Wenn wir etwas Böses tun, beginnt es sich zu drehen und bereitet uns Schmerzen. Wenn wir es aber trotzdem weiter tun, dreht es sich weiter, bis die Kanten stumpf werden. Dann spüren wir es überhaupt nicht mehr. Dies zeigt, dass das Gewissen, unabhängig von der Gesellschaft oder dem Glauben, eine wichtige Rolle in unserem Handeln spielt.

Es gibt so viele berühmte und erfolgreiche Menschen, die durch einen Vorfall sich selbst und ihr Umfeld zu Fall gebracht haben, oft in einem der oben genannten drei bekanntesten Bereiche. Einer Versuchung nachzugeben, mag für den Moment spannend und stimmig erscheinen, aber der Preis danach ist ungleich viel höher, als man sich vorgestellt hat.

Der Lohn, den die Sünde zahlt, ist der Tod.
Römer 6,23a | Die Bibel, Gute Nachricht

Wie können wir es schaffen, den Versuchungen des Alltags nicht zu erliegen und Gott treu zu bleiben? Was können wir von Josef lernen? Er hatte trotz seiner Versklavung Erfolg und Ansehen erlangt. Es ging endlich aufwärts und dann wurde er versucht, seinem Herrn und Gott selbst untreu zu werden. Wie hat er reagiert?

Er weigerte sich
Als die Versuchung anklopfte, weigerte er sich und sprach eine wirklich sinnvolle Begründung aus. Er machte klar, zu welchen Überzeugungen er stand und warum das Annehmen dieses unmoralischen Angebots nicht richtig wäre.

Doch Josef weigerte sich. „Mein Herr vertraut mir in allem, was sein Hauswesen betrifft. Er hat in diesem Haus nicht mehr Macht als ich! Er hat mir nichts vorenthalten außer dir, denn du bist seine Frau. Wie könnte ich so etwas tun? Es wäre eine große Sünde gegen Gott."
1. Mose 39,8-9 | Die Bibel, Neues Leben

Wie reagierst du, wenn du versucht wirst etwas zu tun, was deinen Überzeugungen widerspricht? Dabei muss es nicht unbedingt etwas Sexuelles sein. Vielleicht ist es eine kleine Lüge, die sich anbietet oder die Möglichkeit, etwas Geld von der Firma zur eigenen Verwendung abzuzwacken. Wenn die Versuchung anklopft, mache es wie Josef und sprich deine Überzeugungen und Werte aus. Gegen wen würdest du dich schuldig machen? Was wäre der Preis, den du zahlen müsstest, wenn es ans Licht käme? Sprich diese Dinge bewusst aus, wenn du versucht wirst. Denn du tust dies sowohl für dein Gegenüber als auch für dein eigenes Herz. Sich diesem bewusst zu werden, ist ein wichtiger Schritt. Denn aus deinem Handeln entstehen Gewohnheiten:

- **Schlechte Gewohnheit:** sofortige Belohnung
- **Gute Gewohnheit:** langfristige Belohnung

Versuchungen nachzugeben ist wie eine schlechte Gewohnheit zu haben. Vordergründig erscheint die Belohnung verlockend. Jedoch verpufft diese meist wieder sofort. Wir überschätzen den einen Tag und unterschätzen den langfristigen Nutzen, denn: Die wahre Belohnung kommt immer erst später und nicht sofort.

Er überhörte es
Bei Josef hörte die Versuchung nach dem ersten Vorfall nicht auf. Ständig lag ihm die Frau von Potifar in den Ohren. Aber er reagierte nicht darauf. Er tat seine ihm aufgetragene Arbeit und erledigte seinen Alltag.

Wenn deine Versuchung nicht einfach verschwindet, gib dir wie Josef Mühe, diese zu überhören und nicht mehr darauf zu schauen. Vielleicht verschwindet sie nicht einfach, aber es liegt an dir, wie du darauf reagierst. Gib Acht darauf, dass du nicht nach dem ersten Sieg davon ausgehst, dass alles vorbei ist und der Test bestanden wäre. Du musst deine Gedanken und deinen Fokus aktiv lenken.

Deshalb seid vorsichtig! Gerade wer meint, er stehe besonders sicher, muss aufpassen, dass er nicht fällt.
1. Korinther 10,12 | Die Bibel, Hoffnung für alle

Er floh
Als eigentlich der günstigste Zeitpunkt war, der Versuchung nachzugeben, blieb Josef trotzdem standhaft. Obwohl niemand in der Nähe gewesen wäre und die Frau Potifars ihn aufs Neue drängte, mit ihr zu schlafen, blieb Josef standhaft.

Versuchungen kommen meistens im dümmsten Moment. Sei es, dass man zurzeit gerade keine emotionale oder geistliche Kraft dazu hat, ihr eigentlich zu widerstehen. Oder wie bei der Geschichte von Josef: Es ist niemand anwesend und es würde niemand bemerken, was man tut. Wie sieht es bei dir aus? Wann musst du vor der Versuchung „fliehen"? Was

heißt das konkret? Wenn du alleine im Urlaub unterwegs bist? Lange alleine im Büro arbeiten musst?
Oder vielleicht ist es auch nicht „der" Moment. Versuchungen können nämlich auch ganz klein und unbedeutend beginnen, wie ein Krebsgeschwür. Doch wenn man es nicht entdeckt und es duldet, wächst daraus etwas Schlimmes.

Vielleicht solltest du eine Freundschaft beenden. Vielleicht solltest du eine bestimmte Tätigkeit nicht mehr allein ausüben. Und ja, es kann sein, dass du dein Gesicht verlierst oder verspottet wirst, aber du bist Gott und deinem Gewissen treu.

Treu trotz der Umstände
Wir würden gerne in der weiteren Geschichte von Josef lesen, dass seine korrekte Art, der Versuchung zu entgehen, ihm Erfolg, Bestätigung und Anerkennung beschert. Doch das Gegenteil ist der Fall. Er war seinem Herrn Potifar, seinem Gewissen und vor allem Gott treu. Der Dank dafür war die Verleumdung, die Enthebung seiner erfolgreichen Position und das Gefängnis, in dem er (Achtung Spoiler) für 13 Jahre festsaß!

Vielleicht irritiert dich das. Da ist jemand Gott treu und gehorsam und ihm geschieht aufgrund dessen so viel Schlimmes. Wir wissen nicht, ob Josef sich Gedanken gemacht hat, ob er einfach mit dieser Frau hätte schlafen sollen. Es hätte vielleicht die Situation deeskalieren können. Aber er blieb loyal gegenüber Gott und Potifar. Wenn dir Nachteile aufgrund deines aufrichtigen Verhaltens geschehen: Willkommen im Club. Es fühlt sich alles andere als gerecht an. Man ist verwirrt und vielleicht eingeschüchtert. Doch etwas ist wichtig zu sehen. Folgendes lesen wir in der Geschichte von Josef, direkt nachdem Josef so übel behandelt wurde:

Er ließ Josef in das Gefängnis werfen, in dem die Gefangenen des Königs eingesperrt waren. Doch der Herr war auch dort mit Josef und sorgte dafür, dass Josef die Gunst des Gefängnisverwalters gewann.
1. Mose 39,20-21 | Die Bibel, Neues Leben

Doch der Herr...
Egal, was um dich herum passiert, Gott ist mit dir und sorgt sich um dich.

Doch der Herr...
Wenn es wie das Ende der Geschichte aussieht, ist es doch noch nicht das Ende.

Doch der Herr...
Gott hat immer noch das letzte Wort und kennt die Zukunft.

Doch der Herr...
Wenn Gott mit uns ist, wer kann dann gegen uns sein?

Vertraue darauf, dass Gott deine Zukunft in seinen Händen hält. Hier darfst du dich ermutigen lassen von der Geschichte Josefs. Denn obwohl seine Gefängniszeit ihn vermutlich immer wieder an den Rand seiner Kräfte brachte, blieb er Gott treu und gab nicht auf. Bleibe auch du standhaft, treu in deinem Denken und Handeln. Gott wird sich zu dir stellen und schenkt dir Gunst.

Deine Aufgaben
Nimm dir nun etwas Zeit, um die folgenden Fragen zu beantworten und die Aufgabe zu bearbeiten.
- Wo siehst du dich am meisten versucht? Kennst du deine Schwachstellen?
- Schreibe dir einmal auf, was Negatives passieren könnte, wenn du dich weigerst, der Versuchung nachzugeben. Ebenso schreibe auf, welche Werte, Überzeugungen und welchen Glauben du diesbezüglich hast.

Gebet

Lieber Vater im Himmel. Ich danke dir, dass du stets an meiner Seite bist. Du siehst, wo ich versucht bin, mich falsch zu verhalten. Ich möchte dich bitten, dass du mich dort stark machst und Weisheit gibst, das Richtige zu tun. Ich nehme den Vers aus 1. Mose 39,21 für mein Leben in Anspruch: „Doch der Herr ist auch mit mir und sorgt dafür, dass ich Gunst gewinne..." Ich glaube, dass du, Gott, immer bei mir bist, auch in schwierigen Zeiten. Ich vertraue darauf, dass du mich in meinen Herausforderungen gnädig behandelst und beschützt. Ich weiß, dass du, Gott, mein Retter und Beschützer bist und mich immer führen wirst, auch wenn ich es nicht verstehe. Ich vertraue dir. Egal was kommen mag. Denn ich weiß, du liebst mich und hast das Beste für mich im Sinn.
Amen

Gefangen und vergessen
1. Mose 39,20-40,23

„Geduld ist die Fähigkeit, auf eine positive Weise zu reagieren, während man auf das gewünschte Ergebnis wartet."
Joyce Meyer

Obwohl Josef seine Arbeit für den Hofbeamten Potifar treu und gewissenhaft verrichtete, wurde er zu Unrecht beschuldigt und ins Gefängnis geworfen. Er hatte doch alles richtig gemacht und sich an Gottes Gebote gehalten. Doch jetzt war er nicht mehr nur ein Sklave – er war ein verurteilter Sklave im Gefängnis. Wahrscheinlich fühlte er sich vergessen von allen; sogar von Gott. Er litt unter Schmerz und Hoffnungslosigkeit und schlief auf dem harten Boden. Die Zeit schien stillzustehen und jeder Tag war eine Qual. Sein Traum schien nicht nur weit weg, sondern schlichtweg unmöglich.

Trotz unmöglichen Umständen blieb Josef Gott treu. Wie bei Potifar bekam er bald Verantwortung, weil die Menschen sahen, wie fähig und von Gott gesegnet er war. Im Gefängnis lernte Josef zwei andere Gefangene kennen; den Bäcker und den Mundschenk des Pharaos, denen er ihre Träume deutete. Gott hatte Josef diese Gabe gegeben und er nutzte sie, um anderen zu dienen, egal wo er war. Er blieb Gott treu und arbeitete aufrichtig und gut, so wie er es zuvor mit Potifar getan hatte. Er tat, was vor seinen Füßen lag.

Wir würden es verstehen, wenn Josef resigniert hätte und die Geschichte da für ihn tragisch geendet hätte. Aber anstatt sich in Selbstmitleid zu wälzen, tat er das, was er gut konnte: verwalten und den Laden schmeißen. Er bewies Treue, Geduld und Vertrauen in Gott. – Doch trotz seiner Treue und Hilfsbereitschaft wurde Josef von seinem Umfeld vergessen.

Der Mundschenk dachte nicht mehr an Josef, sondern vergaß ihn.
1. Mose 40,23 | Die Bibel, Neues Leben

Treue = Segen?
Als Pastor habe ich (Leo) in den letzten Jahrzehnten viele Menschen kennengelernt, die sich auf die Vorstellung verlassen, dass Treue automatisch

mit Segen belohnt wird. Diese Erwartungshaltung kann zu Enttäuschungen und Verwirrung führen, besonders wenn schwierige Zeiten kommen und es scheint, als ob Gott uns im Stich lässt. Die Wahrheit ist jedoch, dass Gott uns nicht immer auf die Weise segnet, wie wir es uns vorstellen. Manchmal führt uns Gott durch schwierige Zeiten, um uns zu formen und reifen zu lassen. Als Christen sollten wir uns nicht darauf konzentrieren, was wir von Gott bekommen, sondern darauf, was wir ihm geben können. Wir sollten uns bemühen, ihm in allem zu gehorchen und ihm zu dienen, anstatt auf unsere eigenen Bedürfnisse und Wünsche fixiert zu sein.

Die Treue zu Gott umfasst verschiedene Aspekte unseres Lebens. In der Ehe bedeutet sie, den Ehepartner in Liebe und Treue zu unterstützen und unser Versprechen zu halten. Gerade auch in Bezug auf die Sexualität geht es darum, Gottes moralische Grundsätze zu achten, die sexuelle Intimität in der Ehe zu wahren und Untreue zu vermeiden. Wir sollen fest im Glauben stehen, uns nicht von Zweifeln oder Irrlehren beirren lassen und an Gottes Wahrheit und Verheißungen festhalten. Die Treue zu Gott zeigt sich auch in unseren Beziehungen zu anderen Menschen, indem wir ihnen aufrichtiges Mitgefühl, Vergebungsbereitschaft und Nächstenliebe entgegenbringen. Wenn wir das tun, wird Gott uns sicherlich belohnen, aber nicht unbedingt auf die Art und Weise, die wir uns vorstellen.

In der Bibel finden wir viele Beispiele von treuen Menschen, die schweres Leid erlitten haben. Sicherlich kennst du die Geschichte von Hiob, dem alles genommen worden ist. Auch Paulus und Petrus mussten durch sehr schwere Zeiten gehen und haben gelitten. Sie waren Gott und Jesus treu und hatten schwere Entbehrungen erlebt. Und ebenso Josef, der trotz seiner Treue und Hingabe an Gott viele Schwierigkeiten durchmachen musste. Doch ganz am Ende hat Gott ihn auf wundersame Weise gesegnet und ihm geholfen, eine große Rolle im Leben seines Volkes zu spielen. Denken wir an Hiob, der trotz seines Glaubens und seiner Treue zu Gott alles verlor und schwer leiden musste. Inmitten der schrecklichen Umstände und des Leidens erhielt Hiob weder eine Antwort noch eine Erklärung. Dennoch zeigt uns seine Geschichte auf einfache Weise, dass es möglich ist, trotz allem am Glauben festzuhalten und auf Gott zu hoffen. Wenn wir uns allein auf die Idee verlassen, dass Treue immer direkt mit Segen belohnt wird, dann können wir leicht in eine

Krise geraten, wenn wir schwierige Zeiten erleben. Wir könnten denken, dass wir etwas falsch gemacht haben oder dass Gott uns verlassen hat. Aber das ist nicht der Fall. Jesus selbst hat uns gelehrt, dass das Leben als Christ nicht immer einfach ist und wir mit Verfolgungen und Schwierigkeiten rechnen müssen.

Ja, alle werden euch hassen, weil ihr euch zu mir bekennt. Aber wer bis zum Ende durchhält, wird gerettet werden.
Matthäus 10,22 | Die Bibel, Neues Leben

Es gibt also keine Garantie dafür, dass wir als Christen immer glücklich und gesegnet sein werden. Das heißt jedoch nicht, dass Treue bedeutungslos ist. Im Gegenteil, Treue ist eine wichtige Eigenschaft, die uns helfen kann, unseren Glauben zu bewahren und auch in schwierigen Zeiten standhaft zu bleiben und das Ziel nicht aus den Augen zu verlieren. Du solltest dich also nicht von der falschen Vorstellung leiten lassen, dass sich deine Träume automatisch erfüllen, wenn du treu bist. Lass dich nicht von Enttäuschungen oder Zweifeln entmutigen, sondern bleib treu und halte an deinem Glauben fest; ein Glaube, der auf dem Fundament deiner Beziehung zu Jesus ruht. Denn am Ende wird Gott dich auf seine Weise und in seinem Timing segnen und dich belohnen. Und genau dafür braucht es Geduld. Gott hat weder den Überblick verloren, noch ist ihm die Kontrolle entglitten. Und manchmal kann deine Treue eine viel größere Auswirkung haben: auf dich, auf deine Beziehung mit Gott, auf andere, auf die Ewigkeit.

Sie alle haben Gott vertraut, deshalb hat er sie als Vorbilder für uns hingestellt. Und doch erfüllte sich Gottes Zusage zu ihren Lebzeiten noch nicht. Denn Gott hatte einen besseren Plan: Sie sollten mit uns zusammen ans Ziel kommen.
Hebräer 11,39-40 | Die Bibel, Hoffnung für alle

Sei geduldig
Geduld ist zweifellos eine der schwierigsten Tugenden, die wir im Leben entwickeln müssen. In einer Welt, in der alles schnell gehen muss, kann es schwierig sein, auf etwas zu warten oder eine unangenehme oder schwierige Situation zu ertragen. Aber Geduld ist die größte Prüfung für alles, was wir erreichen wollen. Wenn wir uns ein Ziel setzen, sei es persönlich oder beruf-

lich, müssen wir geduldig und bereit sein, den Prozess zu durchlaufen, der uns zum Ziel führt. Dieser Prozess kann schwierig sein und es kann scheinen, dass er nie zu Ende geht. Wir können frustriert und entmutigt sein, wenn wir nicht die Ergebnisse sehen, die wir erwartet haben. Aber es ist wichtig zu erkennen, dass Geduld ein wesentlicher Bestandteil des Prozesses ist, der zum Ziel führt.

Die Natur hat ihre eigenen Wege, um uns das zu verdeutlichen: das Wachstum von Pflanzen. Wenn wir uns Pilze und Eichen ansehen, können wir eine wichtige Lektion darüber lernen, wie unterschiedlich das Wachstum sein kann. Ein Pilz wächst über Nacht, manchmal sogar innerhalb weniger Stunden. Es scheint fast magisch zu sein, wie schnell und unerwartet er aus dem Boden schießt. Aber das Wachstum des Pilzes ist nicht von Dauer. Es kann genauso schnell wieder verschwinden, wie es gekommen ist. Eine Eiche hingegen braucht Jahre, um zu wachsen. Es dauert lange, bis sie ihre Wurzeln tief im Boden verankert hat und genug Stärke entwickelt, um den Stürmen des Lebens zu widerstehen. Aber wenn die Eiche einmal gewachsen ist, kann sie für Jahrhunderte bestehen und ihren Schatten und ihre Schönheit mit der Welt teilen. Jesus malte ein ähnliches Bild, als er vom Reich Gottes sprach.

Jesus erklärte weiter: „Gottes Reich kann man vergleichen mit einem Bauern und der Saat, die er auf sein Feld gesät hat. Nach getaner Arbeit legt er sich schlafen, steht wieder auf, und das tagaus, tagein. Währenddessen wächst die Saat ohne sein Zutun heran. Ganz von selbst lässt die Erde die Frucht aufgehen: Zuerst kommt der Halm, dann die Ähre und schließlich als Frucht die Körner. Sobald aus der Saat das reife Getreide geworden ist, lässt der Bauer es abmähen, denn die Erntezeit ist da."
Markus 4,26-29 | *Die Bibel, Hoffnung für alle*

Bemerkenswert ist, dass die Saat wächst „ohne sein Zutun". Oder wie es ein bekanntes Sprichwort besagt: Das Gras wächst nicht schneller, wenn man daran zieht. Wachstum geschieht oft im Verborgenen. Der Bauer „legt sich schlafen" und weiß, dass der Samen aufgehen wird. Sein Glaube besteht darin, dass er erstens gesät hat und zweitens geduldig wartet, bis der Boden die Frucht hervorbringt. – Und plötzlich bricht der Spross durch den Grund, wächst weiter und die Frucht reift heran.

Wachstum braucht Zeit
Manchmal scheint es, als ob unser Fortschritt langsam ist und wir nicht vorankommen, aber wir müssen geduldig sein. Gutes Wachstum braucht Zeit und Anstrengung. Wenn wir unsere Träume und Ziele erreichen wollen, müssen wir hart arbeiten und uns bemühen, wie die Eiche, die ihre Wurzeln tief in den Boden wachsen lässt. Wir müssen unsere Stärke entwickeln und uns gegen Herausforderungen und Schwierigkeiten des Lebens wappnen. Wir sollten geduldig sein und wissen, dass jeder kleine Schritt, den wir machen, uns unserem Ziel und Traum näher bringt. Gleichzeitig sollten wir uns daran erinnern, dass schnelles Wachstum nicht immer von Vorteil ist, wie es beim Pilz der Fall ist. Wir müssen uns die Zeit nehmen, um unsere Wurzeln tief in den Boden zu schlagen.

In welcher Situation bist du gerade und fühlst dich vergessen? Wo musst du geduldig sein? Ist es in einer Beziehung, in der Familie oder den Finanzen? Wenn du mit Krankheit, Trauer oder anderen Herausforderungen konfrontiert bist, kann es schwierig sein, positiv zu bleiben und Geduld zu haben. Aber wenn du bereit bist, dich auf den Prozess einzulassen, kannst du letztendlich stärker und widerstandsfähiger werden.

Geduld ist der größte Test für alles, was wir im Leben erreichen wollen. Es erfordert Disziplin, Ausdauer, Vertrauen und Beharrlichkeit, Geduld zu entwickeln und zu bewahren. Aber wenn wir es schaffen, können wir Großes erreichen, Beziehungen aufbauen und schwierige Zeiten überstehen.

Du kannst treu sein
Gottes Treue zu sich selbst und die Treue von Jesus zu Gott sind wie tiefe Wurzeln für Gottes Treue zu seinem Volk. Diese wunderbare Sichtweise der Treue in der Dreieinigkeit schafft einen Nährboden, in dem unsere Treue zu Gott Frucht bringt. Wir sind Gott treu, weil er uns treu ist. Aber er ist treu, weil er sich selbst und seinem Wort treu ist. Diese Treue kommt in unser Leben durch den Heiligen Geist (siehe Galater 5).

Der Heilige Geist will diese Frucht bei dir zur vollen Entfaltung bringen. In den Briefen des Paulus an die Epheser und Kolosser werden die Gläubigen als „Getreue in Christus Jesus" bezeichnet. Treue kennzeichnet Christen also nicht als Grundlage ihrer Annahme durch Gott, sondern als Beweis (Frucht) ihrer Zugehörigkeit zu ihm. Und das ist eine gute Nachricht. Es bedeutet, dass der Heilige Geist in dir tut, was du nicht aus dir selbst tun kannst. Und darum kannst auch du treu sein.

Deine Aufgaben
Nimm dir nun etwas Zeit, um die folgende Frage zu beantworten und die Aufgabe zu bearbeiten.
— Wo fühlst du dich „vergessen"?
— Schreibe einmal auf, in welchen Punkten du Geduld lernen kannst.

Gebet
Lieber Vater im Himmel. Ich danke dir, dass du mir stets treu zur Seite stehst. Auch ich will dir mein Leben lang treu sein. Ich verstehe nicht alles, was in meinem Leben passiert, doch ich vertraue dir. Bitte hilf mir, geduldig zu werden und dir mehr und mehr zu vertrauen. Denn du meinst es gut mit mir. Amen

Sei ein Segen
1. Mose 39,20-40,23

Du bist gesegnet, um ein Segen zu sein. Und der Segen kommt wieder auf dich zurück.

Josef war nun im Gefängnis. Doch er verlor nicht den Glauben und die Hoffnung an Gottes Plan für sein Leben. Stattdessen nutzte er seine Zeit im Gefängnis, um anderen zu helfen und ein Segen zu sein. Das tat er vor seiner Gefangennahme im Haus des Potifar und jetzt im Gefängnis. Die Umstände hielten ihn nicht davon ab, durch sein Tun andere zu segnen. Wir lesen, dass ihm die Verantwortung für die anderen Gefangenen übertragen wurde.

Der Verwalter übertrug Josef die Aufsicht über alle anderen Gefangenen und über alles, was im Gefängnis geschah.
1. Mose 39,22 | Die Bibel, Neues Leben

Nun wollen wir noch etwas tiefer gehen und herausfinden, wie und warum Josef gerade in dieser Notsituation zum Segen für andere wurde.

Josef wusste, wer er war
Josef war ein Sklave im Gefängnis. Aber er verhielt sich nicht wie ein Sklave. Sein ganzes Verhalten und seine Einstellung zeigen, dass er sich bewusst war, wer er war. In Notsituationen ist es leicht, sich den Umständen zu ergeben und sich nur noch als Opfer zu sehen. Und Josef hätte allen Grund dazu gehabt aufzugeben und seine Identität als „Sohn" gegen eine neue Identität als „Sklave" einzutauschen. Josef war sich aber bewusst, dass er nicht nur der Sohn seines Vaters Jakob war, sondern er war auch mit Gott verbunden und sich seiner Stellung bewusst. Er wollte in allem Gott dienen und nicht in erster Linie seinen jeweiligen Vorgesetzten. Diese wechselten im Laufe der Jahre immer wieder. Gott aber nicht. Denn er ist und bleibt derselbe; gestern, heute und in Ewigkeit.

Die folgenden Merkmale verdeutlichen die unterschiedlichen Sichtweisen und Handlungen von Sklave und Sohn:

Sklave	Sohn
Befolgt Befehle, weil er in der Schuld des Meisters steht.	Löst Probleme. Macht sich keine Gedanken über Schuld, weil sein eigentlicher „Chef" sein Vater ist, der ihn liebt und das Beste für ihn will. Deshalb sucht er nach Lösungen.
Vermeidet Probleme und läuft vor ihnen weg, weil sie mit Schmerz verbunden sind.	Sieht in Problemen Chancen und die Lösung des Vaters als Gewinn. Die Weisheit des Vaters kann durch Niederlagen gelernt werden.
Will keine Fehler machen, weil er keine Schuld auf sich laden will.	Ist nach vorne gerichtet und will sich verbessern, indem er mit dem Heiligen Geist zusammenarbeitet. Gute Ergebnisse sind dadurch garantiert, denn der Heilige Geist ist der Geist der Exzellenz.
Sucht die Zustimmung und Bestätigung der Menschen. Das treibt ihn an und motiviert ihn.	Sucht immer die Bestätigung des Vaters. Seine Zustimmung motiviert ihn.
Fürchtet Konsequenzen und ist deshalb vorsichtig und zurückhaltend.	Sieht Möglichkeiten und Chancen, weil er weiß, dass er sicher ist. Sein Vater liebt ihn über alles.
Hat die Erwartung, von denen, die viel haben, etwas umsonst zu bekommen (Bettler-Mentalität).	Will keine Geschenke, sondern sucht nach Weisheit. Stattdessen fragt er: „Wie hast du das erreicht?" Er will wissen, wie er es für sich selbst anwenden kann.
Alles dreht sich um ihn. Er ist der Einzige, um dessen Wohlergehen er sich kümmern muss.	Versteht soziale Verantwortung und denkt an andere. Er versteht es als seine gottgegebene Aufgabe, seinen Mitmenschen zu dienen.
Erwartet von anderen mehr als von sich selbst und entschuldigt damit seine eigenen Schwächen.	Erwartet von sich selbst mehr als von anderen. Legt die Messlatte für sich selbst hoch.
Gibt Ehre nach „oben" und denkt an den Vorteil, den er daraus ziehen kann.	Gibt allen Menschen Ehre, auch nach „unten". Er weiß sich in Gott geborgen und braucht keinen Menschen als Türöffner.

Wie ist deine Einstellung? Fühlst du dich als Sklave deiner Umstände und reagierst eher? Oder weißt du dich als Kind Gottes, der dich über alles liebt und das Beste für dich will? In welcher Spalte der Aufzählung findest du dich eher wieder? Ziemlich sicher bist du kein Sklave im Gefängnis. Aber deine Haltung kann dennoch so sein. Wenn dein Denken gefangen ist, kannst du nicht so frei leben, wie Gott dich geschaffen hat. Alles ändert sich, wenn du die Haltung annimmst, dass du ein Sohn/eine Tochter des himmlischen Vaters bist, der dich liebt. Für ihn leben und arbeiten wir.

Tut eure Arbeit mit Eifer und Freude, als würdet ihr Gott dienen und nicht Menschen. Vergesst nicht, dass der Herr euch mit dem himmlischen Erbe belohnen wird. Dient dem Herrn Jesus Christus!
Kolosser 3,23-24 | Die Bibel, Neues Leben

Diene mit deinen Fähigkeiten
Als Person, die wusste, wer sie in Gott ist, brachte sich Josef dort ein, wo er gerade war. Er hatte Gaben bekommen und über die Jahre Fähigkeiten erworben. Diese setzte er mit seiner „Sohn-Mentalität" ein, um anderen zu dienen und ein Segen für sie zu sein. Vordergründig sehen wir natürlich seine Gabe, Träume deuten zu können. Diese Fähigkeit, die Gott ihm geschenkt hatte, wurde zur Hilfe für seine Mitgefangenen. Aber nur, weil er sie auch tatsächlich einbrachte und er nicht auf sein eigenes Leid fokussiert blieb.

Die Geschichte liest sich so schnell. Aber wie würde es aussehen, wenn du im Elend bist? Und das zu Unrecht. Wie bereit bist du dann, auch noch anderen zu dienen mit dem, was du hast und kannst?

Stets war ich euch ein Vorbild, wie ihr durch harte Arbeit den Armen helfen könnt. Behaltet die Worte von Jesus, dem Herrn, in Erinnerung: Es liegt mehr Glück im Geben als im Nehmen.
Apostelgeschichte 20,35 | Die Bibel, Neues Leben

Übernimm Leitung
Josef diente seinen Mitgefangenen und Aufsehern nicht nur mit seiner Traumdeutungsbegabung. Ihm wurde schließlich sogar die Leitung des Gefängnisses

anvertraut. Wenn es schwierig wird, ziehen sich viele Menschen schnell aus verantwortlichen Positionen zurück, weil gerade da viele Fallen lauern. Josef tat das nicht. Er ließ sich gebrauchen, war fleißig und zuverlässig in dem, was ihm anvertraut wurde.

Wie kannst du Verantwortung tragen? Ist es eine geistliche Leitung, um andere im Glauben zu stärken? Vielleicht ist es eine Aufgabe am Arbeitsplatz, vor der sich alle drücken. Vielleicht siehst du einen spezifischen Bereich in deiner Gemeinde, wo du durch deine Art anderen und Gott dienen kannst? All das zeichnet einen Menschen aus, der vorangeht und nicht im Gefängnis der Umstände gefangen bleibt.

Gib emotionale Unterstützung
Josef war bei den anderen Gefangenen und sah, wie es ihnen ging. Er sprach mit ihnen und half ihnen. Seine Mitgefangenen hatten einen bösen Traum. Und ohne, dass sie es ihm sagten, merkte er es. Er war nicht nur auf sich selbst fixiert, sondern sah auch den anderen. Man hätte es verstanden, wenn er sich in seiner schwierigen Situation nur um sich selbst gekümmert hätte. Aber er war bereit, für andere da zu sein.

In einer schweren Situation den anderen zu sehen, ist eine große Kunst. Aber gerade darin liegt ein göttliches Geheimnis. Unser Vater im Himmel ist ein Gott der Beziehung und der Gemeinschaft. Wenn wir füreinander da sind, wenn wir anderen Nähe und Verständnis geben können – auch in unmöglichen Situationen – dann baut das nicht nur die anderen, sondern auch uns selbst auf.

Auch du kannst andere in schwierigen Zeiten durch Trost und Verständnis stärken und ihnen helfen, ihre Probleme zu bewältigen. Siehst du die Menschen um dich herum und weißt du, wie es ihnen geht oder was sie beschäftigt? Manchmal beansprucht uns der Alltag so sehr, dass wir keine Luft und keine Kraft mehr für andere haben. Doch Gott hat uns Menschen füreinander geschaffen. Manchmal sind es die kleinen Dinge, die den Unterschied ausmachen. Das kann ein kurzes „Wie geht es dir?" und ein Moment des Zuhörens sein. Es kann eine Umarmung sein, ein Gespräch beim Kaffeetrinken oder vielleicht eine liebe SMS am Montagmorgen. Ob große oder kleine Aufmerksamkeiten, du kannst anderen helfen. Mit deiner Art. Schaffe dir nicht nur Luft im Alltag, damit du mit anderen mitfühlen kannst, sondern lass dein grundsätzliches Denken von Gott erneuern. Du bist kein Sklave deiner Umstände, sondern ein Sohn/eine Tochter des himmlischen Vaters!

Gib praktische Hilfe
Josef war der Verwalter und der offizielle Leiter musste sich um nichts kümmern (1. Mose 39,23). Es waren ganz konkrete Aufgaben, die er tat. Er gestaltete sein Umfeld, seinen Alltag. Er brachte sich für andere ein.

Auch du kannst andere durch praktische Hilfe in ihrem täglichen Leben unterstützen, wie beispielsweise bei Haushaltsaufgaben, Einkäufen oder dem Fahren zu Arztterminen. Es gibt so vielfältige Möglichkeiten, den Menschen in der eigenen Umgebung praktische Hilfe zu geben. Und das Gute ist, dass dieses Aktivwerden dir dabei helfen kann, deine Einstellung im Denken zu verändern, weg vom Sklaven-Denken zum Sohn/Tochter-Denken.

Biete Mentorship und Freundschaft an
Vielleicht ist der Begriff in der Josefsgeschichte etwas irritierend. Aber er hatte den Auftrag, sich auch speziell um diese beiden Gefangenen zu kümmern. Durch seine Unterstützung und sein Mitgefühl konnte er ihnen mit seiner Erfahrung und Weisheit helfen.

Du kannst anderen durch deine Freundschaft und Gesellschaft ein Segen sein und ihnen helfen, sich geborgen und geliebt zu fühlen. Genauso kannst du durch deine Erfahrung und Weisheit anderen helfen, ihre Ziele und Träume zu erreichen. Bist du bereit, jemandem ein guter Freund zu sein? Und ja, es wird dich etwas kosten. Aber es ist Gottes Geheimnis, dass Gemeinschaft und Beziehungen so wertvoll sind, dass sie alle „Kosten" aufwiegen.

Denkst du noch wie ein Sklave oder schon wie ein Kind deines himmlischen Vaters? Werde dir bewusst, wer du bist und beginne zu handeln. Es ist wichtig zu erkennen, dass alle von uns auf unterschiedliche Weise ein Segen für andere sein können. Es ist wichtig, auf die Bedürfnisse und Herausforderungen anderer zu achten und dann das Beste zu geben, was wir zu bieten haben. Vielleicht ist es an dir, anderen finanziell oder mit deiner Zeit zu helfen. Du kannst ein Segen sein. Ganz gleich, in welcher Situation du dich gerade befindest.

Deine Aufgaben
Nimm dir nun etwas Zeit, um die folgende Frage zu beantworten und die Aufgabe zu bearbeiten.
- Schreibe dir einmal auf, welche Mentalität in deinem Denken vorherrscht (Sklave/Sohn/Tochter). Nutze dazu die obere Liste.
- Wem könntest du konkret zum Segen werden?

Gebet
Lieber Vater im Himmel. Danke, darf ich dein Kind sein. Es tut mir leid, dass ich mich als „Sklave" gesehen habe, anstatt als dein geliebtes Kind. Dieses Denken lege ich heute bewusst ab. Ich danke dir, dass ich deine Tochter/dein Sohn bin. Ich danke dir, dass du mich gesegnet hast. Du hast mich begabt und befähigt. Ich möchte all das einsetzen, um dir und auch anderen Menschen zu dienen. Schenke mir dafür die Kraft und Freude, die ich brauche.
Amen

WIE DEUTET MAN TRÄUME?

Wie deutet man Träume?
1. Mose 40

> *Später hatte Josef noch einen Traum. Auch diesen erzählte er seinen Brüdern. „Ich träumte", sagte er, „die Sonne, der Mond und elf Sterne verneigten sich vor mir!"*
>
> 1. Mose 37,9 | Die Bibel, Neues Leben

Hast du dich schon einmal gefragt, was deine Träume bedeuten könnten? Träume können so faszinierend und verwirrend sein, dass es manchmal schwierig ist, zwischen Realität und Fantasie zu unterscheiden. Aber was wäre, wenn es eine Möglichkeit gäbe, sie zu deuten und Einblicke zu gewinnen? Wenn wir träumen, betreten wir eine Welt, in der alles möglich ist. Wir können fliegen, durch Wände gehen und mit unseren Idolen sprechen. Aber wir können auch in Albträumen gefangen sein, die uns Angst und Schrecken einjagen. Was sagt uns das über uns selbst, über unsere Wünsche und Ängste? Es gibt verschiedene Ansätze, die Träume und auch uns selbst besser zu verstehen.

In einer Nacht im Jahr 1732 ließ der britische König George II. plötzlich die Pferde anspannen und fuhr zum Grab seiner verstorbenen Frau. Er hoffte, sie dort anzutreffen, denn sie war ihm im Traum erschienen. So merkwürdig uns ein solches Verhalten heute erscheint, in früheren Zeiten war es keine Seltenheit. Träume haben im Leben der Menschen stets eine große Rolle gespielt. Anfangs war die Traumwelt eng mit der Tagwelt verknüpft. Noch vor zweihundert Jahren waren Träume ein alltägliches Gesprächsthema und es war ganz selbstverständlich, dass man sogar nach ihnen handelte – wie z. B. König George bei seinem nächtlichen Ausritt. Später wurden Träume eher als zufällige Hirngespinste abgetan.

Lasst uns für unsere Träume sensibel werden
Wir glauben, dass es sich lohnt, unseren nächtlichen Träumen ein wenig mehr Aufmerksamkeit zu schenken und sie zu verstehen. Darum wollen wir an diesem Punkt der Geschichte von Josef einen kleinen Einschub machen. Wir lesen so schnell über Geschichten, in denen Träume gedeutet werden, ohne uns die Zeit zu nehmen, darüber nachzudenken, wie wir das selbst anwenden

können. Die Bibel steckt voller Hinweise darauf, dass Gott auch auf diese Art zu uns spricht. Wenn wir allein die Josefgeschichte anschauen, entdecken wir, dass gerade auch Menschen, die Gott gar nicht kennen, auf diese Weise eine Offenbarung von ihm erhalten haben. So liegt es auch an uns Christen und Christinnen, anderen Menschen zu dienen, indem wir ihnen helfen, deren Träume zu deuten. Wir können mit den eigenen Träumen beginnen und uns nach und nach auch darauf fokussieren, anderen Menschen dadurch Gottes unbeschreibliche Liebe weiterzugeben.

Doch was bedeuten unsere eigenen Träume? Wie können wir sie deuten und verstehen? Hier können uns sowohl die Psychologie als auch die Bibel weiterhelfen. Für die Psychologie sind Träume ein Ausdruck unseres Unbewussten, das in der Nacht die Möglichkeit hat, sich frei zu entfalten und uns Botschaften zu übermitteln, die im Alltag oft unterdrückt werden. Dabei kann es sich um ungelöste Konflikte, verborgene Wünsche oder auch Ängste handeln. Doch auch in der geistlichen Dimension haben Träume eine wichtige Bedeutung. Denn im Traum lässt uns Gott manchmal Botschaften zukommen, die uns auf unserem Lebensweg begleiten und uns Orientierung geben können. Um die Bedeutung unserer Träume zu verstehen, ist es wichtig, sie aufmerksam wahrzunehmen und zu reflektieren. Denn nur so können wir ihre Botschaften entschlüsseln und daraus lernen.

Verstehe deinen Traum
Eine Möglichkeit, Träume zu deuten, ist, die verschiedenen Symbole und Bilder im Traum zu interpretieren und ihre Bedeutung für uns herauszufinden. Dabei ist es wichtig, nicht nur die einzelnen Elemente zu betrachten, sondern auch ihre Zusammenhänge und den Kontext, in dem sie im Traum vorkommen. In der christlichen Tradition gibt es viele Hilfsmittel zur Traumdeutung. So können wir uns beispielsweise an biblischen Geschichten und Symbolen orientieren und schauen, welche Bedeutung sie für uns im Traum haben könnten:
- Träume sind ein Spiegel, in dem der Träumer sein Leben ungeschminkt betrachten kann.
- Träume lassen Hemmungen und Scham weg und der Verstand und seine Logik sind ausgeschaltet.
- Träume sind keine willkürlichen Erfindungen des Menschen.
- Träume täuschen nicht.

- Träume lügen nicht.
- Träume vertuschen und verdrehen nicht.
- Träume sind ein Ausdruck dessen, was wirklich und ehrlich in uns vorgeht.

Der Traum kann uns einen Einblick in die tiefen Schichten unserer Persönlichkeit geben. Die Bilder und Symbole, die im Traum auftauchen, sind für den Träumenden stimmig und bringen seine Gedanken und Vorstellungen auf den Punkt. Dabei werden Gefühle und Empfindungen oft stark überzeichnet erlebt und in Geschichten verpackt, die als konkrete Bilder verdichtet werden. So können Träume uns helfen, uns selbst besser zu verstehen und unsere innersten Wünsche und Ängste zu erkennen.

Es ist wichtig, dass wir unsere Träume verstehen und sie nicht ignorieren oder abtun, sondern ihnen Raum geben und sie als Teil unseres Lebens annehmen. Denn nur wenn wir bereit sind, uns mit unseren Träumen auseinanderzusetzen, können wir auch in unserem Wachleben daran wachsen und uns weiterentwickeln. Denn letztlich geht es in unseren Träumen immer auch um uns selbst und um die Frage, wer wir wirklich sind und sein wollen.

Erkenne prophetische Träume
Träume können prophetisch sein und uns Botschaften von Gott übermitteln. Gott hat in der Bibel durch Träume zu seinen Auserwählten, Verlorenen, Verantwortungsträgern, Schlüsselpersonen, Propheten und Geistgetauften gesprochen. Seit Pfingsten kann jeder ein Prophet sein, was Gottes ausdrücklicher Wunsch ist, doch es erfordert Gehorsam und ein reines, hingegebenes Herz.
Um einen prophetischen Traum zu verstehen, können wir uns an drei Schritte halten:
- Empfang (Ist der Traum von Gott?)
- Deutung (Was bedeutet der Traum?)
- Anwendung (Wie wende ich das Gehörte an?)

Ist der Traum von Gott?
Wie können wir herausfinden, ob ein Traum von Gott ist? Es gibt einige Kriterien, die erfüllt sein sollten. Zum einen muss Gott sich klar und unmissverständlich offenbaren (wie in Matthäus 1,20; 2,13; Apostelgeschichte 16,9-10). Ein göttlicher Traum muss auch dem Charakter Gottes entsprechen und wird nicht im Gegensatz zur Bibel stehen, denn sie ist das geschriebene Wort Gottes. Zudem sollte die Traumbotschaft der Autorität des Träumers entsprechen und innerhalb seines Verantwortungsbereiches liegen. Ein weiteres Kriterium ist, dass der Traum „besonders" ist und einen nicht mehr loslässt. Er lechzt förmlich nach einer Deutung. Es ist auch wichtig, dass der Traum von einer anderen Person, die gläubig ist, geprüft wird und dass er Leben bringt, wie bei der Prophetie: Ermutigung, Auferbauung, Trost oder Warnung.

Was bedeutet der Traum?
Um einen Traum zu verstehen, sollten wir ihn aufschreiben und uns damit beschäftigen. Wir können Gott um Offenbarung bitten und mit ihm über den Traum reden. Symbole können interpretiert werden, indem wir sie uns erklären lassen oder sie selbst deuten. Gott ist bekannt dafür, seine Weisheit in unsere Sprache und Kultur zu übersetzen. Daher ist es beim Deuten von Träumen wichtig zu fragen, warum Gott gerade ein bestimmtes Symbol oder eine bestimmte Metapher gewählt hat. Alles, was Gott tut, hat einen bestimmten Zweck und er handelt nie zufällig. Daher müssen wir bei der Interpretation unserer Träume tiefer nach dem Warum fragen, um die Absicht hinter Gottes Botschaft zu verstehen. Indem wir uns bemühen, Gottes Handlungen und Entscheidungen besser zu verstehen, können wir uns besser auf die Botschaften einlassen, die er uns durch unsere Träume vermitteln möchte.

Wie wende ich das Gehörte an?
Wenn wir das Gehörte umsetzen möchten, sollten wir Gottes Reden ernst nehmen und darauf antworten. Danke Gott für sein Reden, denn es ist ein Zeichen seiner Fürsorge und Liebe. Frage ihn, was der nächste Schritt sein soll. Vielleicht braucht es auch Geduld und Gott möchte, dass du einfach wartest auf das, was er tun will. Es gibt auch Momente, in denen Gott uns eine Offenbarung gibt, damit wir anfangen, für jemanden oder für eine bestimmte Situation zu beten. Denn es kann sein, dass ein Traum etwas vorher-

sagt, es aber durch Fürbitte anders herauskommen kann (wie in Amos 7,1). Wir sollten die Hinweise und Warnungen von Gott ernst nehmen und danach handeln, denn er hat Gutes für uns im Sinn. Insgesamt ist es wichtig, in der Interpretation von Träumen auf Gottes Führung und Weisheit zu vertrauen.

Verschiedene Arten von Träumen
Nicht jeder Traum ist von Gott. So gilt es zu unterscheiden, woher etwas kommt. Manchmal sind diese Übergänge der einzelnen Arten der Träume fließend. Frage Gott, ob ein Traum von ihm kommt. Achte auf deinen inneren Impuls. Anschließend betrachte den Traum als Ganzes (herauszoomen) und/oder die Details (heranzoomen). Mit der folgenden Auflistung kannst du einfacher die verschiedenen Arten von Träumen auseinanderhalten.

Traum-Ursprünge
Seelische Träume
Seelische Träume werden durch den Tag, Probleme in Charakterstruktur, frühkindliche Prägungen, Ängste und Wünsche des Egos beeinflusst.

Prophetische Träume
Gott benutzt unsere Traumwelt, um uns etwas aufzuzeigen, um uns zu ermutigen oder zu ermahnen.

„Fremde" Träume
Dämonische, wahrsagende Geister wollen uns Angst einjagen, Lügen einflößen und böse Gedanken pflanzen.

Traum-Kategorien
Wunsch-Traum
Innere (unberechtigte) Wünsche werden thematisiert – tabulos. Wünsche gehen z. B. im Traum in Erfüllung. (Psalm 37,4)

Verarbeitungs-Traum
Traum verarbeitet seelisches Erleben gemäß eigenem Lebensstil. Ist eine Chance, um die persönliche Gesinnung ungefiltert erkennen zu können. (Epheser 4,23)

Vorbereitungs-Traum
Er bereitet uns auf das Morgen vor. Innere Ermutigung. Möglichkeiten werden mit Lösungsansätzen durchgeträumt. (Psalm 68,20)

Alb-Traum
Ängste werden verdichtet und hinterlassen. Zurück bleibt ein Gefühl des Schreckens. Ursprung muss geklärt werden. (Hiob 7,12-14; Johannes 16.33)

Bestätigungs-Traum
Gott bestätigt seine (biblische oder persönliche) Zusage. (z. B. Abraham, Isaak, Jakob, Paulus)

Handlungs-Traum
Gott gibt im Traum Anweisungen, etwas zu tun. (z. B. Abraham, Josef im NT)

Warn-Traum
Gott warnt vor Gefahren und macht auf Lügen und falsche Gesinnung aufmerksam. (z. B. Josef im NT, Paulus)

Offenbarungs-Traum
Gott offenbart Geheimnisse. Zukünftiges oder Persönliches. Zur Fürbitte und als Entscheidungshilfe. (z. B. Daniel)

Böser Traum
Die Bosheit eines Menschen wird durch Traum sichtbar. (Sprüche 26,26)

Wahrsage-Traum
Geister offenbaren Geheimnisse (Manipulation und Bereicherung). Kann ein Hinweis darauf sein, dass der Befreiungsdienst in Anspruch genommen werden sollte. (Apostelgeschichte 16,16)

Die Suche nach der Deutung, den geistlichen Wahrheiten und Einsichten durch die Interpretation von Träumen kann mit dem Finden vergrabener Schätze verglichen werden. Durch den Prozess des Entdeckens und Erforschens können wir oft genauso viel oder sogar mehr lernen, als wenn Gott uns eine fertige Interpretation liefert. Je mehr wir über die Bedeutung unserer Träume lernen, desto größer wird unser Verlangen, Gottes Stimme zu hören und seine Botschaft zu verstehen. Das Ergebnis ist, dass deine Beziehung zu Gott immer stärker und tiefer wird. Darum schreibe deine Gedanken zur Deutung auf und bete darüber, ob es in Gottes Sinne ist. Prüfe auch, ob es mit dem Gesamtkontext der Bibel zusammenpasst.

Wenn wir mutig werden, Träume durch den Heiligen Geist, der in uns lebt, zu deuten, bekommen wir einen neuen Zugang zu Gott. Diese biblische Art, nach Gottes Botschaft in Träumen auf die Suche zu gehen, ist für manche vielleicht herausfordernd. Doch wenn wir damit beginnen, können wir seine Liebe immer besser in unserem Leben sehen und verstehen. Zudem können wir Menschen unterstützen, die ihn noch nicht kennen. Denn er spricht gerade auch zu ihnen durch Träume.

Deine Aufgaben
Nimm dir nun etwas Zeit, um die folgende Frage zu beantworten und die Aufgabe zu bearbeiten.
− Welchen Traum hattest du kürzlich und kannst dich noch daran erinnern?
− Nutze die oben genannten Punkte, um deinen Traum zu deuten.

Gebet
Lieber Vater im Himmel. Ich danke dir, dass du heute noch durch Träume sprichst. Bitte hilf mir, meinen Traum und die der anderen auf richtige Art und Weise zu deuten. Ich will deine Stimme hören und deine Führung für mein Leben annehmen. Danke, dass du mir hilfst, darin zu wachsen.
Amen

Wenn Veränderungen Zeit brauchen
1. Mose 40

Bevor Gott etwas für dich tut, tut er etwas in dir.

Josef saß im Gefängnis und wartete. Vielleicht hatte er seinen Jugendtraum schon fast vergessen. Er hatte sich nichts zu Schulden kommen lassen und musste trotzdem ins Gefängnis. Er blieb trotz seines Leidens treu, tat, was ihm aufgetragen war, und wurde zum Segen für andere. Das klingt einfacher, als es ist. Denn wie fühlt man sich, wenn alle Träume zerplatzen und man im Gefängnis sitzt? Wie fühlt man sich, wenn die Umstände den eigenen Träumen und Visionen entgegenstehen? Wenn man auf der Stelle tritt und keinen Ausweg sieht? Vielleicht sind deine Schwierigkeiten ein körperliches Leiden. Vielleicht sind deine Finanzen oder deine Möglichkeiten so begrenzt, dass du alle deine Träume aufgeben solltest, weil du ohnehin schon kaum über die Runden kommst. In welchem „Gefängnis" sitzt du oder aus welchem Gefängnis möchtest du ausbrechen? Was behindert dich in deinem Leben? Wo wünschst du dir sehnlichst einen Durchbruch?

Warum lässt Gott mich warten?
Das unangenehmste Gefühl ist das Warten, vor allem das Warten auf Gott. Man setzt seine ganze Hoffnung auf Gott, um Gebetserhörungen, Wunder und die Veränderung einer Situation zu erfahren. Was passiert aber, wenn man Gott nicht mehr hört und er auf sich warten lässt? Dafür kann es verschiedene Gründe geben; z. B. eine mögliche Entfremdung von Gott, eine Prüfung durch ihn, um Geduld zu lernen, oder ein eigenes verhärtetes Herz, das bewusst ungehorsam ist. Oft sind unsere Wartezeiten mit Leiden verbunden. Während des Wartens dürfen wir uns bewusst sein, dass Gott trotz seines Schweigens am Werk ist. Gott ist nicht abwesend, sondern wirkt gerade im Verborgenen. Das sehen wir in der ganzen Bibel. Und das gilt auch für dich.

Die Zeit zwischen dem Ende des Alten Testaments (Maleachi) und dem Beginn des Neuen Testaments (Matthäus) wird als „Zwischentestamentliche Zeit" bezeichnet. Oft wird diese Phase mit einem langen Schweigen Gottes in Verbindung gebracht. In der Bibel finden wir keine Schriften aus dieser Zeit. Aber der Schein trügt.

In diese 400 Jahre fallen viele wichtige Ereignisse, wie die Eroberung der Welt durch Alexander den Großen in nur 12 Jahren, die Übersetzung des Alten Testaments ins Griechische, die Entstehung einer neuen Art des Lernens, der so genannten sokratischen Methode, die es den Menschen ermöglichte, Fragen zu stellen, und die Eroberung Griechenlands durch die Römer. Die Römer bauten Straßen und Verkehrswege im ganzen Reich, und die Juden lebten in der Diaspora über die ganze römische Welt verstreut. Zum ersten Mal in der Geschichte konnte jeder die Heilige Schrift in einer Sprache lesen, die er verstand, und die Menschen wurden ermutigt, Fragen zu stellen. Es war auch die Zeit, in der die frohe Botschaft vom angekündigten Erlöser in der Volkssprache verbreitet werden konnte. Über die ausgebauten Straßen des Römischen Reiches erreichte die Botschaft schließlich Juden und Heiden so rasch und einfach wie noch nie zuvor.

Als die von Gott gesetzte Zeit erfüllt war, sandte Gott seinen Sohn. Es war der perfekte Zeitpunkt für Jesus, auf die Erde zu kommen. Jetzt war es möglich, dass die Botschaft von seiner Liebe und der Tat Jesu am Kreuz schnell und zu allen Menschen gelangen konnte. Vorher gab es keine gemeinsame Sprache und keine Kommunikationsmittel.

Während wir also darauf warten, dass Gott zu uns spricht oder unsere Gebete erhört, sollten wir uns daran erinnern, dass Gott zu seiner Zeit handelt und dass er immer an unserer Seite ist, auch wenn wir ihn nicht immer hören oder spüren können. Er ist am Werk, hinter den Kulissen.

Bevor Gott etwas für dich tut, tut er etwas in dir
Das ist eine wichtige Lektion, die wir lernen sollten, wenn wir in verschiedenen Bereichen unseres Lebens auf eine Antwort von Gott warten. Ob es um Heilung, Heirat, Kinder oder Beförderung geht: Oft haben wir das Gefühl, dass Gott uns nicht hört. Aber die Bibel lehrt uns, dass Gott auf seine eigene Weise handelt und dass wir manchmal warten müssen, weil er in uns wirkt, bevor er etwas für uns tut.
Wir dürfen nicht vergessen, dass wir uns in guter Gesellschaft befinden, wenn wir auf Gottes Antwort warten. Joseph wartete 13 Jahre im Gefängnis, bevor er in Ägypten herrschte. Die blutflüssige Frau wartete zwölf Jahre, bis sie von Jesus geheilt wurde. Der Mann, der Jesus am Teich Betesda heilte, war 38 Jah-

re lang gelähmt, bevor er wieder gehen konnte, und es dauerte 25 Jahre, bis Abraham und Sarah ihr verheißenes Kind Isaak in den Armen halten konnten.

Und doch ist dieses Warten, wenn wir mittendrin sind, manchmal kaum auszuhalten. Zweifel kommen auf und Resignation will sich breit machen. Wenn wir uns die Geschichte von Josef anschauen, stellen wir fest, dass er kein Übermensch war, sondern ein ganz normaler Mensch mit Gefühlen und Wünschen. An einer Stelle wird deutlich, wie es um ihn stand. Seine Charakterschwäche zeigte sich in der Not.

„Ich sage dir, was der Traum bedeutet", entgegnete Josef (...) „Denk an mich, wenn es dir wieder gut geht! Erzähl dem Pharao von mir und bitte ihn, mich hier herauszuholen. Denn ich wurde aus meiner Heimat, dem Land der Hebräer, entführt. Und jetzt sitze ich hier im Gefängnis, obwohl ich nichts Unrechtes getan habe."
1. Mose 40,12-15 | Die Bibel, Neues Leben

Schau dir den Bibelvers genau an. Wo hatte Gott im Leben Josefs seinen Platz? Es ging um ihn, seine Probleme, seine Sorgen. In den 13 Jahren im Gefängnis hat Gott, wie bei der Davidstatue von Michelangelo, nach und nach Dinge aus Josefs Leben entfernt, die nicht zu ihm passten (siehe auch Kapitel 4). Diese Veränderungen taten ihm weh und führten ihn zu der Frage, was Gott bei ihm noch alles wegnehmen muss, weil es zu viel „ich", „mir" und „mein" gab. Josefs Erfahrung zeigt, dass Gott uns manchmal aus unserer Komfortzone herausholt, um uns auf den richtigen Weg zu bringen. Auch wenn das teilweise schmerzhaft ist, können wir darauf vertrauen, dass Gott das Beste für uns will und uns auf eine bessere Zukunft vorbereitet. Hat Gott Platz in deinem Leben? Oder sind deine Gedanken vor allem mit deinen Problemen, unerfüllten Wünschen und Träumen beschäftigt? Wenn wir uns fragen, wo Gott in unserem Leben Platz hat, sollten wir bereit sein, Dinge loszulassen, die uns daran hindern, unsere volle Bestimmung zu erreichen.

Später sehen wir, dass Josef anders sprach. Als er zum Pharao gebracht wurde, hätte er wieder mit dem „Ich, Ich & Ich" weitermachen können. Denn wenn man zum mächtigsten Mann auf Erden kommt, kann man das ja nutzen, um sich ins rechte Licht zu rücken. Aber Josef hat die Chance genutzt und seinen

Blick auf Gott gerichtet. Er nutzte die Chance, Gott groß zu machen und auf ihn zu zeigen statt auf sich selbst.

> *„Beide Träume bedeuten dasselbe", erklärte Josef. „Gott sagt dir, was er vorhat (...) Gott lässt dich wissen, was er tun will."*
> 1. Mose 41,25+28 | Die Bibel, Hoffnung für alle

Josef hat sich im Gefängnis verändert. Gott hat an ihm gearbeitet, ihn gedemütigt, zerbrochen und geprüft. Aber Josef hat sich darauf eingelassen und ist Gott treu geblieben, hat sich mit seinen Gaben eingebracht und auf Gott vertraut. Gerade beim Pharao zeigt sich Josefs Herz, das Gott vor sich selbst stellt.

> *„Willst du den Charakter eines Menschen kennenlernen, so gib ihm Macht."*
> Abraham Lincoln

Josef war es vor allem zu Beginn seines Gefängnisaufenthaltes wichtig, dass es ihm gut ging und er möglichst schnell wieder aus dem Gefängnis herauskam. Aber trotz seiner Egozentrik war er treu, einfühlsam und setzte seine Gaben ein, um anderen zu dienen. Er hat sicher nicht verstanden, warum das alles so lange gedauert hat. Aber im Rückblick war ihm klar, dass diese Zeit eine Zeit der Veränderung für ihn war:
- Sein Glaube wurde gestärkt.
- Sein Charakter wurde verändert.
- Seine Treue wurde belohnt.

Wie wartest du?
Veränderungen brauchen Zeit. Manchmal ist es die Veränderung der eigenen Einstellung oder des eigenen Herzens. Manchmal sind es die äußeren Umstände. Aber in all dem tut Gott nicht nichts – er ist da und handelt. Wenn du heute in einer Zeit des Wartens oder der Gefangenschaft bist, dann mache es wie Josef und nutze diese Zeit aktiv:
- Sei treu.
- Sei ein Segen.
- Beginne zu arbeiten.
- Setze Gott an die erste Stelle.

In Jesaja 40 gibt Gott uns eine ermutigende Zusage:

„Doch die, die auf den Herrn warten, gewinnen neue Kraft. Sie schwingen sich nach oben wie die Adler. Sie laufen schnell, ohne zu ermüden. Sie gehen und werden nicht matt."
Jesaja 40,31 | Die Bibel, Neues Leben

Das Wort, welches in diesem Vers im Hebräischen für „warten" verwendet wird, ist „qavah". Dieses Wort bedeutet mehr als einfach nur warten. Es heißt auch: aushalten, bleiben, drehen, strecken; ähnlich wie der Strang eines Seils. Und genauso fühlt es sich doch an, wenn wir warten müssen. Unsere Geduld wird bis aufs Äußerste strapaziert, wie ein Seil, an dem gezogen und gezerrt wird. Es ist wichtig, dass du verstehst, dass Gott in dir arbeitet, während du wartest. Er möchte dich Geduld, Treue und Demut lehren und vielleicht sogar Sünden aus deinem Leben entfernen. ==Verschwende die Zeit des Wartens nicht, sondern nutze sie, um dich auf Gott zu konzentrieren und dich ganz von ihm abhängig zu machen.== Denke daran, dass Gott immer noch an dir arbeitet und sich seine Verheißungen erfüllen werden, wenn die Zeit gekommen ist. Gib nicht auf, sondern sei geduldig und vertrau darauf, dass Gott seine Pläne für dich erfüllen wird. Am Ende werden seine Weisheit und seine Liebe dich zu dem bringen, was du brauchst und was das Beste für dich ist. Gott ist bei dir, wie er bei Josef war. Sein Geist wohnt in dir. Lass dich von ihm formen und verwandeln.

Wir freuen uns auch dann, wenn uns Sorgen und Probleme bedrängen, denn wir wissen, dass wir dadurch lernen, geduldig zu werden. Geduld aber macht uns innerlich stark, und das wiederum macht uns zuversichtlich in der Hoffnung auf die Erlösung. Und in dieser Hoffnung werden wir nicht enttäuscht werden. Denn wir wissen, wie sehr Gott uns liebt, weil er uns den Heiligen Geist geschenkt hat, der unsere Herzen mit seiner Liebe erfüllt.
Römer 5,3-5 | Die Bibel, Neues Leben

Deine Aufgaben
Nimm dir nun etwas Zeit, um die folgende Frage zu beantworten und die Aufgabe zu bearbeiten.
- Was ist zurzeit dein „Gefängnis"?
- Schreibe dir einmal auf, was du in dieser Wartezeit lernen könntest.

Gebet
Lieber himmlischer Vater. Ich danke dir, dass du heute bei mir bist. Du verlässt mich nie. Du bist an meiner Seite. Auch wenn ich viele Situationen in meinem Leben nicht verstehe, vertraue ich dir ganz. Ich gebe dir die Erlaubnis, mein Herz zu formen und zu verändern, wie es dir gefällt. Denn in deiner Hand bin ich geborgen. Ich will dir treu bleiben und die Gaben einsetzen, die du mir gegeben hast.
Amen

Überwinde dein Unmöglich
1. Mose 37-50

Wenn du, wie Josef, einen großen Traum im Leben hast, wirst du früher oder später damit konfrontiert werden, das Unmögliche zu überwinden. Josef erlebte viele Situationen, in denen er keinen Ausweg mehr sah.
Wie sollen sich Gottes Verheißungen und Zusagen erfüllen? Wie kann das Unmögliche möglich werden? Gott hat uns in der Bibel die ermutigende Zusage gegeben, dass in ihm unsere Hoffnung keine Enttäuschung sein wird.

Und in unserer Hoffnung werden wir nicht enttäuscht. Denn Gott hat uns den Heiligen Geist gegeben und hat unser Herz durch ihn mit der Gewissheit erfüllt, dass er uns liebt.
Römer 5,5 | Die Bibel, Neue Genfer Übersetzung

Im Januar 1982 streifte ein Passagierflugzeug beim Start die Brücke zwischen Washington D.C. und Virginia und landete im eiskalten Potomac River. Am Ufer versammelte sich eine Schar entsetzter Beobachter. Sie warteten gespannt auf den Ausgang des Geschehens. Plötzlich löste sich ein Mann aus der Menge und sprang in den eiskalten Fluss, um eine Frau vor dem Ertrinken zu retten. Dieser Mann hat es gewagt. Er ging ein Risiko ein. Sein Handeln wirft die Frage auf: Warum standen die anderen nur da und schauten zu? Sicherlich machten sie sich auch Sorgen um die ertrinkende Frau. Aber wie wir an diesem Beispiel sehen, war die bloße Sorge oder das Entsetzen nicht genug, um die Beobachter zum Handeln zu bringen. Es brauchte die Bereitschaft eines Mannes, Risiko einzugehen und die eigene Angst zu überwinden.

Ohne Leidenschaft und Risikobereitschaft wird kein Träumer seinen Traum verwirklichen. Eleanor Roosevelt sagte einmal zu einem Freund: „Du musst die Dinge tun, die du nicht tun kannst." Du und ich brauchen den Mut, die ausgetretenen Pfade des Gewöhnlichen und Normalen in unserem Leben zu verlassen. Das ist immer ein Wagnis. Dein Traum verlangt von dir, eine Entscheidung zu treffen: Raus aus dem Gewohnten, rein in ein neues Abenteuer mit viel Ungewissheit und wenig Sicherheit. Bist du dazu bereit?

Briche aus deinen gewohnten Bahnen aus
Eine Hausfrau kochte einmal einen Fisch. Dabei schnitt sie immer die hintere Hälfte des Fisches ab. Das machte sie schon seit Jahren so. Eines Mittags fragte ihr Sohn: „Mama, warum schneidest du immer den hinteren Teil des Fisches ab?" Die Mutter dachte nach und antwortete: „Ich weiß es nicht. Meine Mutter hat das immer so gemacht. Bei der nächsten Gelegenheit sollten wir sie fragen." Als die Großmutter einmal zum Essen eingeladen war, wurde sie gefragt: „Großmutter, warum schneidest du bei jedem Fisch die hintere Hälfte ab?" Die Großmutter überlegte und sagte: „Ich weiß es nicht genau. Ich habe es von meiner Mutter gelernt. Sie hat es auch immer so gemacht, und da dachte ich mir, das wird wohl wichtig sein." An Weihnachten war es dann so weit. Die ganze Familie war beisammen und der Sohn sagte: „Mutter, jetzt sind wir alle zusammen, meine Großmutter und Urgroßmutter, jetzt möchte ich euch alle fragen: Warum um alles in der Welt schneidet ihr immer die hintere Hälfte des Fisches ab?" Da stand die Urgroßmutter auf und erklärte: „Ich habe immer die hintere Hälfte des Fisches abgeschnitten, weil meine damalige Pfanne zu klein war."

Wir tun vieles aus Tradition und denken gar nicht darüber nach, warum und wozu wir es tun. Deshalb fällt es uns so schwer, aus dem Gewohnten auszubrechen. Aber wenn du deine Träume verwirklichen willst, musst du dir über eines im Klaren sein: Es wird dich etwas kosten, und zwar deine Vorliebe für das, was du kennst und was dir vertraut ist. Josef lebte ein wohlbehütetes und verwöhntes Leben bei seinem Vater. Durch das Zerwürfnis mit seinen Brüdern wurden seine „Gewohnheiten" auf den Kopf gestellt und seine „Komfortzone" war zu Ende. Seine Geschichte zeigt, dass Gott sogar menschliche Fehler und Versagen nutzen kann, um dich auf einen neuen Weg zu führen. Auch wenn es manchmal schwierig ist, solltest du bereit sein, deine Augen und dein Herz für die Pläne Gottes zu öffnen, um das Beste aus deinem Leben zu machen. Wie Josef kannst du dich auf die unerwarteten Wege einlassen, die Gott für dich bereithält, um zu wachsen und deine Bestimmung zu erreichen.

Überschlage die Kosten
Für die Verwirklichung eines Traums ist Entschlossenheit nötig. Gewöhnliche Menschen müssen bereit sein, Außergewöhnliches zu wagen, um außer-

gewöhnliche Träume zu verwirklichen. Wir haben bereits in einem früheren Kapitel von Walt Disneys Traum gelesen und wie er seine bahnbrechende Figur, Mickey Mouse, erfand. Er hatte ebenfalls den Traum, einen Zeichentrickfilm in Spielfilmlänge zu produzieren. Nie zuvor war ein solches Projekt realisiert worden. Aber Disney ging voller Leidenschaft an die Arbeit und investierte Millionen in den Film „Schneewittchen und die sieben Zwerge". Er musste viele Herausforderungen bewältigen, doch er ließ nicht zu, dass sein Traum scheiterte. Der Erfolg von Schneewittchen legte schließlich den Grundstein für die folgenden Mickey-Mouse-Filme, für Disneyland und alles, was Disneys Erbe ist und sein wird.

Kein großer Traum wird wahr werden, wenn man nicht bereit ist, daran festzuhalten: auch dann, wenn es schwer wird.
In der Sierra Nevada wächst eine Kiefernart, die in einem extrem unwirtlichen Klima mehr als tausend Meter über dem Meeresspiegel gedeiht. Die ältesten Bäume sind über 4000 Jahre alt und wachsen auf einem flachen Kalkboden mit nur 25 Zentimetern Niederschlag pro Jahr. Die Bäume sind erstaunlich widerstandsfähig gegenüber extremen Temperaturen und starken Winden. Es wurde festgestellt, dass die Bäume auf dem trockenen Südhang länger leben und widerstandsfähiger gegen Schädlinge und Fäulnis sind als andere, die mehr Wasser zur Verfügung haben. Von diesen Bäumen können wir lernen. Unwirtliche Umstände bedeuten nicht, dass es kein Wachstum geben kann. Im Gegenteil – es kann sogar sein, dass die schwierigen Umstände das Wachstum begünstigen. Aber es braucht Entschlossenheit. Wir müssen uns bewusst dafür entscheiden und uns aufmachen, trotz Sturm, Hitze und Frost mit ganzem Herzen das zu tun, was Gott von uns will. Entschlossenheit bedeutet, dass wir festhalten an dem, was wir in unserem Herzen entschieden haben.

Vor unserer Hochzeit machten Susanna und ich einen Spaziergang im Mondschein. Als wir über unsere gemeinsame Zukunft sprachen und träumten, gaben wir uns ein Versprechen, das bis heute die Grundlage unseres offiziellen Eheversprechens ist. Wir versprachen uns: „Wir werden für den Rest unseres Lebens zusammen sein. Egal was passiert, wir wollen zusammenbleiben." Dieses Versprechen war der Kern, der uns geholfen hat, unseren Hochzeitstraum zu verwirklichen. An diesem Tag haben wir unsere Wurzeln in den Boden gestreckt, unser Fundament gelegt und in unserem Herzen eine Entscheidung getroffen. Wir haben das nicht leichtfertig getan, sondern mit Ernsthaftigkeit. Denn Träume können teuer sein.

1776 schrieb Thomas Paine, ein Held der amerikanischen Revolution, über den hohen Preis des Traums von der Freiheit: „Was wir zu leicht bekommen, schätzen wir gering." Und so ist es auch in unserem Leben. Jeder Traum hat seinen Preis.

Aber kommt nicht, ehe ihr nicht die Kosten berechnet habt. Denn wer würde mit dem Bau eines Hauses beginnen, ohne zuvor die Kosten zu überschlagen und zu prüfen, ob das Geld reicht, um alle Rechnungen zu bezahlen?
Lukas 14,28 | Die Bibel, Neues Leben

Es ist wichtig, dass wir die Kosten überschlagen, wenn wir unsere Träume verfolgen. Denn sich aufzumachen für Neues, birgt immer auch das Risiko des Versagens. Aber den Preis des Stehenbleibens müssen wir ebenfalls überschlagen. Was willst du am Ende deines Lebens für eine Geschichte erzählen? Die Geschichte von „Ich wollte eigentlich immer, aber..." oder die Geschichte von „Wenn ich damals nicht diese Entscheidung getroffen hätte, wäre ich wohl niemals so weit gekommen."

Vorsicht ist geboten, wenn die verantwortungsvolle Vorsicht zur ständigen Vorsicht wird, deren Ziel es nicht ist, den Traum zu bewahren, sondern dem Träumer seine Bequemlichkeit zu sichern. Diese Art von Vorsicht wird schnell zur Zögerlichkeit und damit zur Sackgasse für jeden Traum. Wenn wir uns nur für die bequeme Sicherheit entscheiden, werden wir hinter unseren Träumen zurückbleiben, weil wir uns dahinter verstecken, anstatt voranzuschreiten. ==Das Wesen des Glaubens ist das Wagnis, nicht die Vorsicht.== Der Glaube handelt, damit etwas geschieht. Die Vorsicht beobachtet, was geschieht. Wir können nicht gleichzeitig von Furcht und Zuversicht beseelt sein. Wir müssen unser Gewicht auf die eine oder andere Seite verlagern. Ich habe einmal eine Mutter zu ihrer dreijährigen Tochter vor einem Süßigkeitenautomaten sagen hören: „Du musst das Geldstück weggeben, damit du den Kaugummi bekommst." Wir können nicht gleichzeitig zögerlich leben und zuversichtlich in die Zukunft gehen. Es gehört zum Glauben, Risiken einzugehen.

Denn Gott hat uns nicht einen Geist der Furcht gegeben, sondern einen Geist der Kraft, der Liebe und der Besonnenheit.
2. Timotheus 1,7 | Die Bibel, Neues Leben

Triff mutige Entscheidungen
Josef stand vor einer schwierigen Entscheidung, als er mit Potifars Frau konfrontiert wurde. Obwohl die Situation alles andere als verheißungsvoll aussah, traf Josef eine mutige Entscheidung und vertraute auf Gott, indem er sich weigerte, mit ihr ins Bett zu gehen.

Diese Entscheidung hatte jedoch Konsequenzen und Josef bezahlte den Preis, indem er unschuldig ins Gefängnis geschickt wurde. Obwohl Josef die Auswirkungen seiner Entscheidungen spürte, bewies er dennoch seinen Glauben und seine Loyalität gegenüber Gott, indem er sich weigerte, seinen moralischen Kompass zu verraten.

Die Geschichte von Josef zeigt uns, dass der Glaube an Gott und das Festhalten an unseren moralischen Grundsätzen manchmal schwierig sein kann. Doch wenn wir uns entscheiden, Gott zu vertrauen und uns an seinen Plan zu halten, können wir trotz der Herausforderungen, die auf uns zukommen, eine bessere Zukunft erwarten.

Vor Jahren half ich meinem Vater auf einer Baustelle, indem ich eine Schubkarre mit Steinen über ein schmales Brett an ihren Bestimmungsort beförderte. Ein anderer Helfer, der die Schubkarre füllte, hatte sie im Vertrauen auf meine Kraft so überladen, dass ich das Gleichgewicht auf dem schmalen Brett verlor und mit der Schubkarre samt Inhalt in einer schlammigen Pfütze landete. Eingehüllt in eine schmutzige Masse stand ich wieder auf und schluckte die aufsteigende Wut hinunter. Dann merkte ich, wie ein Gedanke mit Lichtgeschwindigkeit durch meinen Kopf schoss: „Nie wieder lasse ich mir die Schubkarre überladen!" Inzwischen ist mir die überladene Schubkarre zum Lebensgleichnis geworden. Jeder Mensch – auch du und ich – schiebt seine Lebensschubkarre durch ein morastiges Leben. Aber wir alle drohen bei Überladung in eine bedrückende seelische Tiefe zu stürzen. Oft ist meine Schubkarre mit vielen fremden Lasten, den unendlichen Problemen und Sorgen anderer Menschen, so vollgestopft, dass mir deren schwere Jammerballaden zu allen unmöglichen Zeiten in den Ohren klingen. Wenn dann noch diverse Termine und andere Dinge dazukommen, kann es gut sein, dass ich vor lauter Belastungen Gefahr laufe, die Freude an meinem Auftrag und am Alltag zu verlieren. Vielleicht sind es bei dir andere Bereiche. Aber für uns alle gilt: Wir dürfen unsere Schubkarre nicht überladen. Mein Rat an dich: Nimm nicht jeden Auftrag an. Lass dir nicht alle Sorgen dieser Welt aufbürden und überschätze auf keinen Fall deine Lebenskraft! Ein Hund, der viele Hasen auf einmal jagt, fängt am Ende keinen einzigen. Keiner von uns ist geboren, um allen alles zu sein. Wenn wir zu viel zu tun haben, hindert uns das eindeutig daran, unser Bestes zu geben. Menschen, die zu viel anfangen und zu viele Visionen haben, erreichen am wenigsten. Vergiss eines nicht: ==Du kannst nicht alles, aber du kannst etwas tun!== Deshalb ist es auch wichtig, dass deine Mitmenschen genau wissen, wofür du einstehst und kämpfst und wofür nicht. Es ist kein Geheimnis, dass Menschen, die sich voll und ganz auf ein Ziel konzentrieren, viel erreichen. Josua sagte einmal zum Volk Israel:

> *Wenn ihr aber nicht bereit seid, dem Herrn zu dienen, dann entscheidet euch heute, wem ihr dienen wollt: den Göttern, denen eure Vorfahren jenseits des Euphrat dienten oder den Göttern der Amoriter, in deren Land ihr heute lebt? Ich und meine Familie werden jedenfalls dem Herrn dienen.*
> Josua 24,15 | Die Bibel, Neues Leben

So wie Josua das Volk Israel zu einer klaren Entscheidung herausforderte, so müssen auch wir uns entscheiden, wofür und für wen wir leben wollen, und dazu müssen wir das eine oder andere in unserem Leben abschneiden. Wer aber beginnt, seine von Gott geschenkte Vision leichtfertig zu leben, setzt nicht nur viel aufs Spiel, sondern riskiert sein Leben. Die Bibel ist voll von Geschichten von Menschen, die gut gestartet haben, aber ein schreckliches Ende fanden, weil sie nicht dem treu blieben, das Gott für sie bereithielt. Das soll uns eine Erinnerung daran sein, dass unsere Entscheidungen – die kleinen und die großen – Auswirkungen darauf haben, wie wir unseren Lebenslauf vollenden.

Vertraue auf Gott
Henry David Thoreau sagte: „Wenn du dich zuversichtlich auf deine Träume zubewegst und versuchst, das Leben zu leben, das du dir vorgestellt hast,

wirst du zu einer ungewöhnlichen Zeit unerwartetem Erfolg begegnen." Durch dein Vertrauen in Gott kannst du dein "Unmöglich" überwinden. Verbaue dir nicht deine Chancen auf deinen Traum für einen kurzfristigen Komfort, indem du Kompromisse eingehst, keine mutigen Entscheidungen triffst oder Gott misstraust. Josef blieb beständig in seinem Vertrauen, er blieb Gott treu, er ließ an sich arbeiten und er wurde belohnt.

Deine Aufgaben
Nimm dir nun etwas Zeit, um die folgende Frage zu beantworten und die Aufgabe zu bearbeiten.
– Wobei musst du eine mutige Entscheidung treffen, um aus alten Bahnen auszubrechen?
– Schreibe dir einmal auf, welche „Kosten" du für deinen Traum „bezahlen" musst.

Gebet
Lieber Vater im Himmel. Ich danke dir von Herzen, dass bei dir nichts unmöglich ist. So oft denke ich gering von mir. Das tut mir leid. Danke, dass du mir hilfst, das Unmögliche zu tun und mutige Entscheidungen zu treffen. Danke, dass du mich dabei führst und mir jeden neuen Tag Sicherheit gibst. Ich vertraue dir von ganzem Herzen.
Amen

GOTTES HANDELN

GESCHLIFENER DIAMANT

GOTTES HANDELN

ALTE LASTEN

ROHER DIAMANT

Gottes Handeln
1. Mose 40

> *Josef wurde als Knecht verkauft. Sie zwängten seine Füße in Fesseln, in Eisen kam sein Hals, bis zu der Zeit, da sein Wort eintraf, das Wort des Herrn ihn bewährte.*
> Psalm 105,17-19 | Die Bibel, Elberfelder

> *Der Mundschenk dachte nicht mehr an Josef, sondern vergaß ihn.*
> 1. Mose 40,23 | Die Bibel, Neues Leben

Träume trotz Verzögerung
Leider ist es im Leben nicht immer so, dass alle unsere Träume und Ziele schnell in Erfüllung gehen. Manchmal dauert es etwas länger. Josef musste mit viel Geduld und Leid erleben, dass sein Traum erst Jahre später Wirklichkeit wurde.

Wir möchten dir eine Frage stellen: Hattest du schon mal das Gefühl, es nicht richtig gemacht zu haben? Hattest du schon einmal das Gefühl, wie Josef in einer dreckigen, schleimigen Grube zu stecken? Kennst du den inneren Schmerz, wenn andere dich nur auslachen? Josef hat all das erlebt. Du bist vielleicht nicht zu Unrecht angeklagt und in ein Gefängnis geworfen worden. Aber du hattest einen wunderbaren Traum und hast Gott zu dir sprechen hören. Du warst ermutigt und entschlossen, dich der Sache zu stellen. Doch was dir wie ein wunderbarer Traum erschien, endete in einer Katastrophe. Plötzlich verstand dich niemand mehr, nicht einmal deine Lieben. Aber Josef durfte eine erstaunliche Erfahrung machen: Gott stand zu seinen Träumen und damit auch zu ihm als Träumer! Am Ende durfte Josef erfahren, dass Gott ihn nie aufgegeben hat. Auch nicht in den dunklen Zeiten, als alles hoffnungslos schien. Gott hielt an dem Traum fest, den Josef schon fast aufgegeben hatte.
Diese Wahrheit gilt auch für dich. ==Du kannst dich darauf verlassen, dass Gott immer für seine Träume und seine Träumer kämpft!== Vielleicht hast du das Gefühl, dass dein Traum verloren gegangen ist. Aber du darfst sicher sein: Gott weiß, was aus deinen Träumen geworden ist. Gott verliert unsere Träume keinen Augenblick aus den Augen. Was aber, wenn die Erfüllung auf sich warten lässt? An dieser Stelle ist es gut, sich immer wieder Folgendes vor Augen zu

führen: Wir wissen nicht, was Gott weiß, denn Gott ist unabhängig von Zeit, Raum und unseren menschlichen Begrenzungen. Deshalb können wir nur begrenzt verstehen, wie Gott handelt.

Gott hat allem auf dieser Welt schon im Voraus seine Zeit bestimmt, er hat sogar die Ewigkeit in die Herzen der Menschen gelegt. Aber sie sind nicht in der Lage, das Ausmaß des Wirkens Gottes zu erkennen; sie durchschauen weder, wo es beginnt, noch, wo es endet.
Prediger 3,11 | Die Bibel, Neues Leben

Als westliche Menschen, die stark vom griechisch-rationalistischen Denken geprägt sind, fällt es uns oft schwer, bestimmte Dinge zu verstehen. So ist es für uns immer wieder eine demütigende Erfahrung, dass unsere Träume nicht einfach auf Knopfdruck Wirklichkeit werden. Aber wenn Gott uns verborgene Träume schenkt, wird er sie früher oder später sichtbar machen! Seine Träume sind immer zu unserem Besten. So darf jeder, der an einem göttlichen Traum festhält, letztlich wissen, dass Gott selbst für seine Erfüllung sorgen wird. Deshalb ist es wichtig, dass wir uns an seine Verheißungen erinnern, auch dann, wenn der eingeschlagene Weg in eine Sackgasse zu führen scheint oder in eine ganz andere Richtung führt. Vielleicht hat Gott eine bessere Alternative für dich als die, die du dir vorgestellt hast. Denke nur nicht, dass Gott an dein Verstehen oder Nichtverstehen gebunden ist.

Es ist aber nicht so, dass der Herr seine versprochene Wiederkehr hinauszögert, wie manche meinen. Nein, er wartet, weil er Geduld mit uns hat. Denn er möchte nicht, dass auch nur ein Mensch verloren geht, sondern dass alle Buße tun und zu ihm umkehren.
2. Petrus 3,9 | Die Bibel, Neues Leben

Gott kann sein Versprechen immer halten. Wenn du deinen Traum verloren hast, möchten wir dir mit folgenden praktischen Schritten helfen, ihn wiederzugewinnen.

Gib nicht auf
Jeder Traum hat seine Zeit. Wir haben bei Josef gesehen, dass er lange reifen musste, bevor er seinen Traum leben konnte. Wäre er als siebzehnjähri-

ger Aufschneider und diplomatisch noch nicht sehr versierter Jüngling zum Pharao gekommen, hätte man ihm sicher nicht den Posten als rechte Hand des Herrschers angeboten. Manche Träume brauchen eben eine gewisse Erfahrung und Reife. Deshalb ist das Warten auf Gott nicht vergeblich. Es ist vielmehr dazu da, uns auf die Verwirklichung unseres Traumes vorzubereiten. Weil Josef voller Glauben an seinem Traum festhielt, wurde er innerlich reif, um auf Gottes Eingreifen warten zu können. Ein göttlicher Träumer kann warten. Josef war bereit, geduldig auf das zu warten, was Gott ihm versprochen hatte. Auch dann noch, als sich alles gegen ihn zu wenden schien. Hätte er aber seinen Traum aufgegeben, wäre es wahrscheinlich anders gekommen.

Wer geduldig ist, der ist weise; wer aber ungeduldig ist, offenbart seine Torheit.
Sprüche 14,29 | Die Bibel, Luther 2017

Wenn du willst, dass deine Träume Wirklichkeit werden, musst du diese Tatsache berücksichtigen. Betrachte Wartezeiten also nicht als verlorene Zeit. Träumen ist sehr wichtig, besonders in den Momenten, in denen scheinbar nichts passiert. Gib deinen Traum nie auf – egal wie lang die Schlange ist, in der du stehst. Ein Träumer lebt seinen Traum unabhängig von den Umständen, die sein Leben begleiten. Und er handelt nach dem Motto:

Warte still und geduldig darauf, dass der Herr eingreift! Entrüste dich nicht, wenn Menschen böse Pläne schmieden und sie dabei auch noch Erfolg haben!
Psalm 37,7 | Die Bibel, Hoffnung für alle

Es braucht einen großen Traum, um jahrelange Rückschläge zu ertragen. Aber genau das zeichnet wahre Träumer aus! Egal wie tief sie fallen, sie stehen wieder auf. Und egal, wie die Umstände um sie herum sind, sie leben ihren Traum mit größter Geduld und halten im Glauben an dem fest, was sie von Gott empfangen haben.

Bete hoffnungsvoll
Im Gebet an der Hoffnung festzuhalten, um unseren verlorenen Traum wiederzubeleben, verlangt uns viel ab. Hoffnung spielt eine erstaunlich wichtige Rolle im Umgang mit den Schwierigkeiten und Chancen unseres Lebens. Hoffnung verhilft zu besserer Leistung, stabilerer Gesundheit, glücklicheren

Beziehungen und mehr erfüllten Träumen. Hoffnung ist der Magnet, der uns zu unseren Zielen zieht. Dem Schweizer Theologen Emil Brunner wird der Satz zugeschrieben: „Was der Sauerstoff für die Lunge ist, ist die Hoffnung für den Sinn des Lebens."

Ohne Hoffnung können wir nicht leben. Hoffnung ist mehr als Optimismus, Hoffnung ist mehr als Wünschen. Hoffnung bedeutet, an die Morgendämmerung zu glauben, auch wenn man noch von tiefster Dunkelheit umgeben ist. Dom Hélder Câmara, ein brasilianischer Erzbischof, bringt es auf den Punkt: „Hoffen heißt, an das Abenteuer der Liebe zu glauben, den Menschen zu vertrauen, den Sprung ins Ungewisse zu wagen und sich ganz Gott anzuvertrauen." Träumer hoffen unerschütterlich, weil sie wissen: Wenn man alles versucht hat und am Ende des Seils angekommen ist – dann macht man einfach einen Knoten und hält durch. Ein Träumer weiß: Wer hofft, ist allem gewachsen.

Geduld aber macht uns innerlich stark, und das wiederum macht uns zuversichtlich in der Hoffnung auf die Erlösung. Und in dieser Hoffnung werden wir nicht enttäuscht werden. Denn wir wissen, wie sehr Gott uns liebt, weil er uns den Heiligen Geist geschenkt hat, der unsere Herzen mit seiner Liebe erfüllt.
Römer 5,4-5 | Die Bibel, Neues Leben

Friedrich von Bodelschwingh, ein evangelischer Pastor und Theologe aus Deutschland, sagte seinerzeit: „Christus steht nicht hinter uns als unsere Vergangenheit, sondern vor uns als unsere Hoffnung." Eine solche Hoffnung gründet nicht in optimistischem Wunschdenken, sondern in der festen Gewissheit, dass Gott treu ist. Eine unerschütterliche Hoffnung vertraut darauf, dass Gott uns immer einen großen Schritt voraus ist, dass er schon in der Zukunft ist und das Beste für uns bereithält. Folgendes Bild malte Jesus seinen Jüngern, als er ihnen erklärte, was sie erwartete:

„Seid nicht bestürzt und habt keine Angst!", ermutigte Jesus seine Jünger. „Glaubt an Gott und glaubt an mich! Denn im Haus meines Vaters gibt es viele Wohnungen. Sonst hätte ich euch nicht gesagt: Ich gehe hin, um dort alles für euch vorzubereiten."
Johannes 14,1-2 | Die Bibel, Hoffnung für alle

Hast du Hoffnung für deine Träume in deinem Leben? Gott hat genug für dich. Das Gebet ist der Schlüssel in den Momenten, in denen unsere Träume auf die Probe gestellt werden. Gebet gibt uns die Hoffnung zurück, dass bei Gott nichts unmöglich ist. Gebet wirkt Wunder. Träumer wissen das, denn sie beten für ihre Träume und lassen Gott daran teilhaben.

Der amerikanische Arzt Dr. Ben Carson, Kinderneurochirurg und Autor, sagt zu diesem Thema: „Für einen Menschen ist Gebet die größte verfügbare Macht bei körperlichen, finanziellen, geistigen und emotionalen Problemen." Jeden Tag betet Ben Carson für seine Träume, denn er hat den kennengelernt, der die Kraft für all seine Träume ist. Als er eines Tages an der vierjährigen Christine einen Hirntumor herausoperierte, rief der Anästhesist plötzlich: „Herzstillstand!" Ohne jedes Anzeichen hatte Christines Herz aufgehört zu schlagen. Sofort musste viel getan werden, um Christine zu retten. Man musste sie umdrehen, Luft zuführen, den normalen Herzschlag wieder in Gang bringen, den Kreislauf wiederbeleben, herzaktivierende Substanzen spritzen und die durch den Herzstillstand entstandenen chemischen Unregelmäßigkeiten ausgleichen. Alle verfügbaren Hände flogen hin und her. Sie befestigten Elektroden auf Christines Haut, um ihr Herz wieder zu aktivieren. Dr. Carson dachte: „Oh nein, ... wir werden sie verlieren." Und während seine Hände schnell arbeiteten, betete er im Stillen: „Gott, ich weiß nicht, was hier vor sich geht und wie es dazu kommen konnte. Mach es wieder gut, Gott, bitte!" Er hielt den Bruchteil einer Sekunde inne, bevor er Christine umdrehte. Und in diesem Augenblick begann ihr Herz wieder zu schlagen. Er sagte laut: „Danke, Gott! Ich weiß nicht, was passiert ist, aber du hast es wieder in Ordnung gebracht." Danach konnte das Team ohne Probleme weiter operieren. Niemand wusste, was passiert war, aber das war auch nicht wichtig. „Was wichtig ist", schreibt der Arzt, „ist Folgendes: Ich bin überzeugt, dass Gott mein Gebet erhört hat und für die kleine Christine eingetreten ist."

Hier sind einige praktische Vorschläge, wie du deine Träume im Gebet wieder mit Leben füllen kannst:
- Nimm dir jeden Tag fünf Minuten Zeit, um für deine Träume zu beten. Konzentriere dich zuerst auf Gott und dann auf deine Träume (in dieser Reihenfolge). Das macht dich offen für Gottes Einsichten.
- Erzähle Gott in deinen eigenen Worten von deinem Traum. Rede mit ihm wie mit einem Freund.

- Bete im Alltag. Bete im Auto, im Bus oder am Schreibtisch. Sei dir bewusst, dass Gott an deiner Seite arbeitet. Egal wo du bist, du kannst immer kurz mit Gott sprechen. Je öfter du das tust, desto mehr wirst du Gottes Wirken in deinem Leben und in deinen Träumen spüren.
- Bitte nicht ständig um etwas, sondern danke Gott für alles: für kleine Siege, für die Geduld, die du durch Rückschläge gelernt hast, für Anregungen, die dich auf dem richtigen Weg halten, oder für eine freundliche Aufmerksamkeit eines lieben Menschen.
- Bete auch für die Träume anderer. Wenn wir für andere beten, gehen wir über uns selbst hinaus.
- Bete, dass sich der Traum auf Gottes Weise erfüllt, denn sein Weg ist der beste Weg.
- Bete für eine Haltung des Vertrauens auf Gott. Wer seine Träume Gott anvertraut, bekommt neuen Mut und neue Zuversicht.
- Bete für gesunde Beziehungen. Kranke Beziehungen blockieren unsere Kreativität, unsere Vorstellungskraft, unseren Mut zu Neuem und unsere Leistungsfähigkeit.
- Bete für Ausdauer. Träume scheitern meist daran, dass wir zu früh aufgeben. Großes wird nicht schnell erreicht, sondern durch Beharrlichkeit.
- Bete mit Begeisterung und Erwartung. Bete mit der Überzeugung, dass Gott deine Gebete hört und beantwortet.

Vertraue Gottes Versprechen

„Weil euer Glaube so gering ist", sagte Jesus. „Ich versichere euch: Wenn euer Glaube auch nur so groß wäre wie ein Senfkorn, könntet ihr zu diesem Berg sagen: ‚Rücke dich von hier nach da', und er würde sich bewegen. Nichts wäre euch unmöglich."
Matthäus 17,20-21 | Die Bibel, Neues Leben

Jahrelang hatte ich (Leo) den Wunsch in meinem Herzen, in einer Gemeinde zu predigen. Als meine Frau kurz nach unserer Hochzeit nach Zürich kam und in einer Gemeinde zu arbeiten begann, dachte ich, nun würde mein Traum in Erfüllung gehen. Aber statt zu predigen, durfte ich jeden Sonntag die Stühle aufstellen und die Leute begrüßen. Das war nicht mein Traum. Deshalb sagte ich mir jedes Mal, wenn ich unter der Kanzel einer Predigt zuhörte: „Eines Tages wirst du auf dieser Kanzel stehen und zu diesen Hunderten von jungen Menschen sprechen." Es dauerte länger, als ich dachte, aber ich hielt an meinem Traum und meinem Versprechen fest. Eines Tages trafen sich die Leiter und stellten fest, dass an einem Sonntag niemand da war, um zu predigen. Schließlich kamen sie auf die Idee, mich zu fragen. Ich musste nicht lange überlegen. Vielmehr sah ich in dieser Gelegenheit den Beginn meines lang ersehnten Traumes. Und von diesem Tag an begann sich mein Traum zu erfüllen.

Ich bin ganz sicher, dass Gott, der sein gutes Werk in euch angefangen hat, damit weitermachen und es vollenden wird bis zu dem Tag, an dem Christus Jesus wiederkommt. (...) Denn Gott bewirkt in euch den Wunsch, ihm zu gehorchen, und er gibt euch auch die Kraft zu tun, was ihm Freude macht.
Philipper 1,6+2,13 | Die Bibel, Neues Leben

Lasst uns an Gottes Verheißungen festhalten und uns daran erinnern, dass er unsere Träume nicht nur inspiriert, sondern uns auch hilft, sie zu verwirklichen.

Deine Aufgaben
Nimm dir nun etwas Zeit, um die Aufgabe zu bearbeiten.
- Nutze die oben genannten Punkte für dein Gebetsleben.
- Schreibe einmal auf, warum es dir (manchmal) schwer fällt, Gott zu vertrauen und Geduld zu haben.

Gebet
Lieber Vater im Himmel. Ich danke dir von Herzen, dass du mich liebst und meinen Traum kennst. Obwohl ich gerade nicht weiter weiß, glaube ich: Dieser Traum ist von dir nicht vergessen, sondern du arbeitest im Verborgenen. Bitte gib mir Geduld und Ausdauer, bis ich den Traum verwirklicht sehe. Ich vertraue dir. Ich folge dir. Ich bin dein Kind und du bist mein Vater. Amen

DURCHBRUCH

Der Durchbruch geschieht über Nacht
1. Mose 41,1-36

„*Ich frage mich, wie oft Menschen kurz vor einem Durchbruch aufgeben – wenn sie kurz vor dem Erfolg stehen."*
Joyce Meyer

Die Vorbereitung auf die Erfüllung eines Traumes geschieht nicht über Nacht. Aber ein Durchbruch kann so schnell und plötzlich aus dem Nichts geschehen. Josef hatte jahrelang gelitten und unschuldig 13 Jahre im Gefängnis gesessen. Er war getrennt von seiner Familie, seinen Freunden und seinem Volk. Er war ein Fremder in der Gewalt anderer. In all dieser Zeit wuchs er nicht nur in seinem Charakter, sondern musste auch die Sprache lernen. All diese Dinge bereiteten ihn auf die zukünftige Aufgabe vor, die Gott für ihn vorgesehen hatte. Doch das Problem lag darin, dass er Gottes Gedanken und Pläne nicht kannte. Wäre dies der Fall gewesen, dann wäre alles andere so einfach gewesen und Geduld auch keine Frage. Doch das ist eben der Knackpunkt: Gott zu vertrauen, auch wenn wir seine Wege und Wunder noch nicht sehen. Da beginnt der Glaube, der Berge versetzt, der den Wind stillt, der Tote zum Leben auferweckt und immer wieder das Unmögliche möglich macht. Wir kämpfen oft mit den Verheißungen und Zusagen, die Gott uns gemacht hat, aber Gott hat den Traum, den er Josef gegeben hat, nicht vergessen. Gott hatte einen klaren Auftrag für Josef. Und Josef hielt bis zum Ende seines Gefängnisaufenthalts seine Treue und sein Vertrauen zu Gott.

Mehr noch, wir rühmen uns ebenso der Bedrängnisse; denn wir wissen: Bedrängnis bewirkt Geduld, Geduld aber Bewährung, Bewährung Hoffnung.
Römer 5,3-4 | Die Bibel, Einheitsübersetzung

Glauben heißt: Ich vertraue einer Person
Wie lange ist deine „Zeit im Gefängnis" schon? Ist dein Traum in weite Ferne gerückt? Wie kannst du dranbleiben und motiviert sein, auch wenn es keinen Durchbruch gibt? Wie lernst du, nicht aufzugeben? Bei all diesen Fragen geht es darum, was oder wem man glaubt. Glauben heißt jemandem vertrauen. Und dieser Jemand ist Gott, der für uns sorgt, sich um uns kümmert und uns über alles liebt. Wenn es noch nicht zum Durchbruch gekommen ist,

dann sollten wir trotzdem auf den vertrauen, der alles in der Hand hat und dem alles möglich ist. Wie in den vorhergehenden Kapiteln beschrieben, gilt es, diese Zeiten gut zu nutzen und an sich zu arbeiten. Und wenn es so weit ist, dann kann es von einem Moment auf den anderen gehen, und du findest dich wieder in einem neuen Level.

In manchen Ländern werden Elefantenbabys als Jungtiere mit Ketten an Bäume gebunden, damit sie nicht weglaufen. Als Erwachsene werden sie dann nur noch mit Seilen angebunden. Und obwohl ihre Kraft locker ausreichen würde, um ihre Fesseln abzuschütteln, haben sie resigniert. Die Fesseln der Vergangenheit haben sie gelehrt, dass es nichts bringen würde, sich loszureißen. Man nennt dies auch erlernte Hilflosigkeit.

Wir wollen dich ermutigen: Wenn die Zeit kommt, neue Schritte zu gehen, und du siehst, wie Gottes Träume für dich sich erfüllen, dann lass dich nicht bremsen von alten Fesseln und Mustern.

Sei beständig
Früher, bevor es Bohrer, Dynamit und Hochdruckwasserstrahlen gab, wurden Gesteine mit Handhämmern zerkleinert. Es kann sehr lange dauern, einen Stein von Hand zu zerkleinern. Stell dir vor, du versuchst einen Stein mit einem Vorschlaghammer in zwei Hälften zu spalten. Du schlägst immer wieder auf den Stein, aber es passiert nichts. Du siehst keinen Fortschritt, was sehr frustrierend ist. Aber du schwingst den Hammer weiter. Und dann, beim 30. oder vielleicht 300. Schlag, spaltet sich der Stein. Das sieht aus wie Magie, ist es aber nicht. Es ist die logische Folge von Beharrlichkeit. Auch wenn es von außen so aussieht, als passiere nichts: Mit jedem Hammerschlag nimmt die innere Festigkeit des Gesteins ab. Das Gestein wird schwächer. Man sieht es nur nicht. Jedes Hindernis hat eine Sollbruchstelle. Wie Felsen werden die meisten Hindernisse brüchig, ohne dass es sichtbare Anzeichen dafür gibt. Aber es gibt Anzeichen. Man muss nur wissen, wo man hinschauen muss.

Hier sind ein paar Anzeichen dafür, dass du kurz davor bis, ein Hindernis zu überwinden:
- Wenn du frustriert bist.
- Wenn Funkstille herrscht.

- Wenn der Widerstand zunimmt.
- Wenn andere anfangen, über dich zu lachen.
- Wenn du aufgeben willst.
- Wenn du anfängst zu rationalisieren.
- Wenn du deine Ziele ändern willst.
- Wenn man dir sagt, du sollst realistisch sein.
- Wenn es dir wirklich weh tut.
- Wenn die Zahlen sagen, dass du falsch liegst.
- Wenn sich die Leute von dir abwenden.
- Wenn Menschen versuchen, dir zu helfen.
- Wenn du Angst hast.

Wenn du diese Anzeichen siehst, kann es sein, dass dein Durchbruch kurz bevorsteht. Es kann sein, dass es nur noch wenige „Schläge" braucht, bis der Fels gespalten und der Weg frei ist.

Was wir mit diesem Bild nicht meinen, ist, dass wir hundert Mal die gleichen Fehler machen können und immer noch hoffen sollten, dass sich Erfolg einstellt. Aber selbst, wenn es so wäre: Gott ist auf deiner Seite. Er führt und lenkt dich. Er hat auch die Macht, dich zu leiten. Lasse dich bewusst auf Gottes Führung ein. Denn manchmal braucht es diese hundert Hammerschläge oder auch hundert Fehler, damit es einen Durchbruch gibt – für eine Veränderung in deinem Charakter, deiner Haltung, den Umständen oder für das Möglichwerden deines Traums.

„Erst ignorieren sie dich, dann lachen sie dich aus, dann bekämpfen sie dich, dann gewinnst du."
Mahatma Gandhi

Sei offen für Veränderung
Josef hatte den Mundschenk gebeten, ihm zu helfen. Doch dieser vergaß ihn einfach. Man könnte meinen, dass es selbstverständlich wäre, sich in irgendeiner Form erkenntlich zu zeigen. Die Bibel beschreibt nicht, wie Josef damit umging. Aber wir sehen, wie Josef sich in all der Zeit verändert hat. Wie schon in den anderen Kapiteln beschrieben, haben sich Josefs Einstellung und Charakter geformt und verändert. Wenn auch du auf einen

Durchbruch für deinen Traum wartest, dann sei dafür offen, dass Gott dich und dein Herz formen darf. Er tut es, damit du vorbereitet bist auf das, was kommen wird.

Gott wirkt an dir ...
- um deinen Glauben zu stärken und zu prüfen.
- um dich Geduld zu lehren.
- um zu sehen, ob du ihm wirklich vertraust.
- um dich auf deine größten Segnungen vorzubereiten.
- um deinen Gehorsam zu prüfen.

All das schafft Veränderung und bereitet dich auf die Zielgerade für deinen Traum vor. Veränderung wird kommen. Sie ist nicht aufhaltbar. Denn Gott ist in deinem Leben und du lässt dich von ihm verändern. Bei Josef trat der Wechsel zu seinem Traum plötzlich und unerwartet ein, und er war parat. Er war beständig, vertraute Gott, veränderte sich und konnte nun seinem Auftrag nachkommen.

John Wesley war ein englischer Theologe und Pfarrer, der im 18. Jahrhundert lebte. Er gründete die Methodistenkirche, eine protestantische Denomination. Wesley betonte die Bedeutung persönlicher Bekehrung, christlicher Erfahrung und Taten der Barmherzigkeit und tat sich als einflussreicher Prediger und Erweckungsprediger hervor. Auch sein Durchbruch geschah unerwartet. Aber es war kein überraschender Durchbruch, denn er war schon vorher stetig und treu in seinem Dienst. Das wird aus einem seiner Tagebucheinträge deutlich:

Sonntag, 5. Mai, morgens
Predigte in St. Anna.
Sie sagten mir, ich solle nie mehr zurückkommen.

Sonntag, 5. Mai, nachmittags
Predigte in St. John.
Die Diakone sagten: „Geh raus und bleibe draußen."

Sonntag, 12. Mai, morgens
Predigte in St. Judas.
Dahin darf ich auch nicht mehr zurückkehren.

Sonntag, 12. Mai, nachmittags
Predigte in St. George.
Auch da wurde ich hinausgeworfen.

Sonntag, 19. Mai, morgens
Predigte nochmals woanders.
Die Diakone beriefen eine außerordentliche Sitzung ein und sagten, ich könne nicht mehr hierher zurückkommen.

Sonntag, 19. Mai, nachmittags
Predigte auf der Straße.
Sie vertrieben mich von der Straße.

Sonntag, 26. Mai, morgens
Predigte auf einer Wiese.
Ich musste fliehen, als jemand während des Gottesdienstes einen Stier auf mich losließ.

Sonntag, 2. Juni, morgens
Predigte am Eingang der Stadt.
Sie vertrieben mich von der Straße.

Sonntag, 2. Juni, nachmittags
Zum Nachmittagsgottesdienst predigte ich draußen auf dem Feld.
Zehntausend Personen kamen.

Von einem Moment auf den anderen kann Gott dein Leben auf den Kopf stellen. Von heute auf morgen kann sich dein Traum erfüllen. Denn wenn Gottes Treue sich mit deinem Glauben verbindet, ist nichts unmöglich!

Deine Aufgaben
Nimm dir nun etwas Zeit, um die folgende Frage zu beantworten und die Aufgabe zu bearbeiten.
- Fällt es dir einfach, in einer Wartezeit Gott zu vertrauen?
- Schreibe dir einmal auf, in welchen Punkten du unbedingt beständig bleiben solltest.

Gebet
Lieber Vater. Ich danke dir, dass du mit mir zum Ziel kommst. Du siehst, dass ich nicht immer alles verstehe. Doch ich vertraue dir. Denn du bist für mich, leitest mich und liebst mich. Bitte zeige mir auf, wo ich beständig bleiben muss, und gib mir die Kraft, weiterzumachen. Danke, dass du mir zum Durchbruch verhilfst. Danke, dass du mich führst. Ich will mich von dir formen und verändern lassen. Danke, dass du das tust.
Amen

Neuanfang
1. Mose 41,37-57

"Wir können den Wind nicht ändern, aber die Segel anders setzen."
Aristoteles

Und der Pharao sagte zu Josef: "Hiermit gebe ich dir Vollmacht über ganz Ägypten." Dann steckte er ihm seinen königlichen Siegelring an den Finger. Er gab ihm kostbare Gewänder und legte ihm eine goldene Kette um den Hals.
1. Mose 41,41-42 | Die Bibel, Neues Leben

Josefs Traum ist über Nacht wahr geworden. Er ist der zweite Mann im Staate Ägypten. Was er als Jugendlicher nur vage in einem Traum wahrgenommen hat, liegt nun vor seinen Füßen. Eben noch saß er als Sklave im Gefängnis und schien von allen vergessen. Und jetzt hören alle auf seine Befehle. Das war eine gewaltige Veränderung für Josef. Aber Gott hatte ihn all die Jahre darauf vorbereitet.

Veränderungen im Leben und die Erfüllung von Träumen kommen manchmal genauso plötzlich wie bei Josef. Auf einen Schlag ist alles anders. Es braucht Vorbereitung und die richtige Einstellung, um bereit zu sein für diese neue Dimension.

Als Kind kommen wir irgendwann in die Schule, finden eine Ausbildung, später die erste Arbeitsstelle, und so weiter. Als Single hofft man vielleicht auf einen Partner und eine Familie. Man hofft, bis der Traum wahr wird. Und wenn der Traum wahr geworden ist? Dann sollten wir bereit sein, diesen mit neuer Kraft und Frische zu ergreifen. Doch wie geht das? In diesem Kapitel werden wir uns mit den drei Phasen des Übergangs befassen, die uns bei der Bewältigung des Wandels helfen können. Diese Phasen sind das „Ende", die „neutrale Zone" und der „Neuanfang". Zu wissen, was mit uns geschieht und wo wir stehen, kann uns helfen, uns nicht überwältigen zu lassen und uns zu entspannen, bis wir kraftvoll in eine neue Zukunft aufbrechen können. Denn wir müssen uns bewusst machen, dass Veränderung ein Teil unseres Lebens ist.

Das Ende
Oft haben wir das Gefühl, dass das Ende einer vertrauten Situation uns den Boden unter den Füßen wegzieht. Oft wehren wir uns mit Händen und Füßen gegen das Ende des uns Bekannten. Doch mit einem neuen Abschnitt geht etwas zu Ende, das bisher Teil unseres Lebens war. Ein Identitätswandel findet statt. Wir treten in einen Übergangsprozess ein. Das mag uns sehr widerstreben, aber wir können der Wahrheit nicht ausweichen:

„Jeder Übergang beginnt mit einem Ende."
William Bridges

Im Leben von Josef können wir das immer wieder beobachten. Sein vertrautes familiäres Umfeld brach plötzlich zusammen. Und das als Jugendlicher. Nachdem er als Sklave gearbeitet hatte, landete er im Gefängnis.

Ob ein Ende katastrophal oder befreiend ist, liegt manchmal im Auge des Betrachters. Die eigene Bewertung der Situation spielt dabei eine große Rolle. Der amerikanische Psychologe und Psychotherapeut Albert Ellis hat sich mit dem Zusammenspiel von Ereignissen und Bewertungen beschäftigt. Er entwickelte das ABC-Modell, das uns hilft, unsere Bewertungen von Ereignissen zu hinterfragen und alternative Sichtweisen zu entwickeln. Indem wir unsere Bewertungen ändern, können wir den Übergang als Chance nutzen. Das ABC-Modell beschreibt den Zusammenhang zwischen auslösenden Erlebnissen (A), Bewertungen (B) und Folgen (C). Eine negative Bewertung von A kann zu einer negativen Bewertung von C führen und umgekehrt. Dieser Kreislauf kann in beide Richtungen gehen und uns in unerwünschte Situationen bringen.
Um diesen Kreislauf zu durchbrechen, ist es wichtig, unsere Bewertungen zu überdenken. Eine positive Bewertung von Veränderungen kann uns helfen, schlechte Erfahrungen hinter uns zu lassen und neue Wege zu gehen.

Josef erlebte als Teenager das Ende seiner Beziehung zu seiner Familie. Das Ende seiner Arbeit bei dem Hofbeamten. Und wie sieht es bei dir aus? Ist das, was dich gefangen gehalten hat, einfach loszulassen? Manchmal hat man sich daran gewöhnt: den mühsamen Job, der jedoch Geld bringt oder die eingefahrene Beziehungssituation in der Familie, in der jeder seine eingeschliffene Rolle übernimmt, obwohl dies alles andere als gesund ist. Was geht bei dir zu Ende, wenn dein Traum wahr wird? Bist du bereit, loszulassen?

Die neutrale Zone
Die zweite Phase des Übergangs ist die neutrale Zone; die Zeit zwischen dem Ende und dem Neuanfang. Diese Phase kann sehr unangenehm sein, da wir uns in einer Art „Schwebezustand" befinden. Es gibt keine klaren Antworten und wir müssen uns mit Unsicherheit und Zweifeln auseinandersetzen. Diese Zeit sollten wir als Chance nutzen, um uns selbst besser kennenzulernen und uns auf den Neuanfang vorzubereiten.

Die neutrale Zone kann ganz unterschiedlich lang sein. Sie kann eine Chance für uns sein – sowohl auf persönlicher als auch auf kreativer Ebene. Wir sollten damit beginnen, uns selbst wahrzunehmen, unser Gefühlschaos zu akzeptieren und zu umarmen, um Raum für neue kreative Prozesse zu schaffen. Schmerz ist ein Teil des Lebens und kann nicht vermieden werden, aber wenn wir versuchen, ihn zu vermeiden oder zu verdrängen, leiden wir oft noch mehr und länger. Hast du schon mal darüber nachgedacht, wie du mit Stress und Belastungen umgehst? Manchmal gibt es Dinge, die wir nicht ändern können und die uns Schmerz bereiten. Aber wir können lernen, das zu akzeptieren, was ist und uns auch mit unseren eigenen Gefühlen auseinandersetzen. In der Psychologie nennt man das die sogenannte „radikale Akzeptanz". Wir sollten uns bewusst sein, dass Schmerz zum Leben dazugehört und dass es manchmal notwendig ist, unangenehme Gefühle auszuhalten, wenn wir mit unveränderbaren Situationen konfrontiert sind. Wenn wir versuchen, Schmerz zu vermeiden oder zu verdrängen, kann es sogar noch schlimmer werden. Lass uns gemeinsam lernen, uns den Herausforderungen des Lebens zu stellen und sie mit Gottes Hilfe zu bewältigen.

Der Heilige Geist hilft uns in unserer Schwäche. Denn wir wissen ja nicht einmal, worum oder wie wir beten sollen. Doch der Heilige Geist betet für uns mit einem Seufzen, das sich nicht in Worte fassen lässt.
Römer 8,26 | Die Bibel, Neues Leben

Ein einfaches Beispiel für radikale Akzeptanz ist der verpasste Zug. Ist es wirklich besser, sich in den zehn Minuten, bis der nächste Zug kommt, darüber zu ärgern? Was bringt es, sich über die verschüttete Milch aufzuregen? Das anzunehmen, was wir nicht ändern können, kann uns im Großen wie im Kleinen den größten Schmerz ersparen. ==Indem wir uns der Tatsache stellen, dass Schmerz zum Leben gehört, können wir unser Leiden verringern.== Wir müssen lernen zu akzeptieren, was wir nicht ändern können, um den damit verbundenen Schmerz zu überwinden.

Genügsamkeit und Dankbarkeit können uns helfen, diese Phase zu überstehen. Bei der Genügsamkeit geht es um unsere innere Einstellung zu den Umständen unseres Lebens, auf die wir keinen Einfluss haben. Wir nehmen etwas aus Gottes Hand und begnügen uns, zumindest vorläufig, mit dem, was ist. Dabei danken wir Gott für alles, was bereits ist und für alles, was noch werden wird.

Sorgt euch um nichts, sondern betet um alles. Sagt Gott, was ihr braucht, und dankt ihm.
Philipper 4,6 | Die Bibel, Neues Leben

Der Neuanfang
Die dritte und letzte Phase des Übergangs ist der Neuanfang. Das kann Angst auslösen, weil ein Neuanfang immer auch eine gewisse Unsicherheit mit sich bringt. Der amerikanische Psychologe und Psychotherapeut Albert Ellis glaubt jedoch, dass ein Neuanfang auch eine Chance ist, sich von alten Mustern zu befreien und eine erfüllte Zukunft zu gestalten. Damit ein Neuanfang gelingt, müssen wir allerdings umdenken. Wir müssen unsere irrationalen Überzeugungen erkennen und durch rationale Überlegungen ersetzen. Dies erfordert eine ehrliche Selbstanalyse und die Fähigkeit, uns selbst herauszufordern. Wir müssen bereit sein, uns unseren Ängsten zu stellen und uns zu fragen, was wir wirklich wollen.

Ein Neuanfang kann auch bedeuten, sich von negativen Beziehungen oder Umgebungen zu lösen. Es kann herausfordernd sein, sich von diesen Dingen zu trennen, aber manchmal ist es notwendig, um voranzukommen. Es ist auch wichtig zu verstehen, dass ein Neuanfang Zeit und Geduld braucht. Wir sollten uns nicht unter Druck setzen, schnelle Ergebnisse zu erzielen, sondern uns erlauben, uns schrittweise zu verändern. Ellis erinnert uns daran, dass Veränderungen in kleinen Schritten erfolgen können und dass jeder Schritt, den wir machen, ein Schritt in die richtige Richtung ist.

Josef hatte die Zeit im Gefängnis genutzt, um an seinem Charakter, seiner Einstellung und Haltung zu arbeiten. Wir haben schon in den anderen Kapiteln gesehen, dass er seine Treue und sein Vertrauen in Gott bewahrt und gestärkt hat. Seine Haltung war nie die eines Sklaven, sondern die eines Sohnes. Und genau diese Einstellung hat ihm geholfen, als er in seine neue Position befördert wurde. Denn nun hatte er wie kaum ein anderer Einfluss auf die Geschicke des Landes. Ängste, Fehleinschätzungen und falscher Ehrgeiz wären alles andere als hilfreich gewesen.

Was musst du noch ablegen, damit deinem Neuanfang nichts im Wege steht? Du kannst dich nicht wie in einem „Gefängnis" verhalten, wenn du jetzt die Freiheit hast, von der du geträumt hast. Wie willst du dann erfüllt leben?
In der Bibel ermutigt Gott durch den Propheten Jesaja das Volk Israel, das Alte hinter sich zu lassen und nach vorne zu schauen.

> *Doch ich sage euch: Hängt nicht wehmütig diesen Wundern nach! Bleibt nicht bei der Vergangenheit stehen! Schaut nach vorne, denn ich will etwas Neues tun! Es hat schon begonnen, habt ihr es noch nicht gemerkt? Durch die Wüste will ich eine Straße bauen, Flüsse sollen in der öden Gegend fließen.*
> *Jesaja 43,18-19 | Die Bibel, Hoffnung für alle*

Lass das „Alte" los und mach dich bereit für das, was Gott dir anvertrauen will. Starte mit frischen Gedanken und einer gesunden Einstellung in deinen Neuanfang.

Deine Aufgaben
Nimm dir nun etwas Zeit, um die folgende Frage zu beantworten und die Aufgabe zu bearbeiten.
- Was musst du loslassen, damit du dich auf einen neuen Anfang einlassen kannst?
- Schreibe dir einmal auf, wie du dich in all den drei Phasen fühlst. Bringe es anschließend zu Gott.

Gebet

Lieber Vater im Himmel. Ich danke dir, dass du Großes mit mir vorhast. Bitte hilf mir dabei, dass ich die Dinge loslassen kann, dich mich hindern, das Neue, das du für mich parat hast, zu ergreifen. Schenke mir in der Zwischenzeit Vertrauen und Frieden. Ich weiß, dass du auch da mit mir bist, mich tröstest und leitest. Ich lege dir meinen Traum hin, da ich weiß, dass du dich darum kümmerst und mit mir zum Ziel kommst.
Amen

Gewissen – belastet und beladen
1. Mose 42

„Ein schlechtes Gewissen ist der beste Beweis für ein gutes Gedächtnis."
Selma Lagerlöf

Während einer schweren Hungersnot schickte Jakob alle seine Söhne außer Benjamin nach Ägypten, um Getreide zu kaufen. Als sie dort ankamen, wurden sie vor Josef geführt. Sie erkannten ihn nicht, er jedoch wusste sofort, wen er vor sich hatte.

Dieser Moment muss ein unvorstellbarer Schock gewesen sein für Josef. Nach all diesen Jahren, getrennt und verstoßen von seiner Familie, stehen seine Brüder plötzlich vor ihm. Aber was tat Josef? Er gab sich ihnen nicht zu erkennen. Stattdessen beschuldigte er sie, Spione zu sein und forderte sie auf, Benjamin mitzubringen, um ihre Geschichte zu bestätigen. Josef verkaufte ihnen schließlich das Getreide und schickte sie zurück, behielt aber einen der Brüden, Simeon, als Geisel, bis sie Benjamin zurückbrachten. Die Brüder kehrten mit vollen Getreidesäcken und ohne Simeon zu ihrem Vater Jakob zurück, und erzählten ihm, was geschehen war. Was für ein Drama!

Ein schlechtes Gewissen belastet
Die Brüder wurden geplagt von ihrem schlechten Gewissen. Die Schuld, die sie mit dem Verkauf von Josef und der Lüge gegenüber ihrem Vater auf sich geladen hatten, lastete schwer auf ihnen. Sie hatten sich entschieden, bis jetzt damit zu leben. Aber nun war der Moment gekommen, an dem sie von der totgeschwiegenen Vergangenheit eingeholt wurden.

Ein schlechtes Gewissen kann sehr belastend sein. Es kann uns dazu bringen, uns ständig Sorgen zu machen, uns schwer zu fühlen und uns von anderen Menschen zu isolieren. Das Gefühl, etwas falsch gemacht zu haben, kann uns innerlich auffressen und uns sogar körperlich krank machen. Die Bibel spricht auch von der Last, die ein schlechtes Gewissen verursachen kann.

Als ich mich weigerte, meine Schuld zu bekennen, war ich schwach und elend, dass ich den ganzen Tag nur noch stöhnte und jammerte. Tag und Nacht bedrückte mich dein Zorn, meine Kraft vertrocknete wie Wasser in der Sommerhitze. Doch endlich gestand ich dir meine Sünde und gab es auf, sie zu verbergen. Ich sagte: „Ich will dem Herrn meine Auflehnung bekennen." Und du hast mir vergeben und meine Schuld weggenommen!
Psalm 32,3-5 | Die Bibel, Neues Leben

Das Verstecken unserer Fehler und Sünden kann uns körperlich und emotional belasten. Wir können uns von Gott getrennt fühlen und uns schuldig und verurteilt fühlen. Aber was für eine gute Nachricht: Wenn wir unsere Sünden bekennen und uns ehrlich vor Gott öffnen, wird er uns vergeben und unsere Last wird abgenommen!

Doch wenn wir ihm unsere Sünden bekennen, ist er treu und gerecht, dass er uns vergibt und uns von allem Bösen reinigt.
1. Johannes 1,9 | Die Bibel, Neues Leben

Hier wird uns gezeigt, dass Gott bereit ist, uns zu vergeben, wenn wir unsere Sünden vor ihm bekennen. Wir müssen uns nicht allein mit unserem schlechten Gewissen quälen, sondern können uns an Gott wenden und er wird uns befreien.

Aber Schuldgefühle können nicht nur die Beziehung zu Gott belasten, sondern auch die Beziehungen zu anderen Menschen. Wenn wir jemandem Unrecht getan haben, kann das sogar zum Bruch in der Beziehung führen. Jesus fordert uns auf, aktiv auf andere zuzugehen und uns mit ihnen zu versöhnen, wenn wir wissen, dass wir ihnen Unrecht getan haben (Matthäus 5,23-24). Indem wir Vergebung suchen, können wir unsere Beziehungen wiederherstellen und unser Gewissen entlasten.

Wie geht es dir? Hast du ein schlechtes Gewissen? Kannst du jedem Menschen und auch Gott offen und unbefangen begegnen, oder gibt es Menschen, denen, wenn du ihnen heute begegnen würdest, nicht in die Augen schauen könntest? Im Folgenden wollen wir uns praktische Schritte anschauen, um frei von einem schlechten Gewissen zu werden.

Sei ehrlich zu Gott
Gott will, dass wir ehrlich zu ihm sind und uns ihm öffnen. Wir dürfen ihm unsere Sorgen, Zweifel und Ängste anvertrauen und ihm unser Herz ausschütten. Aber es kann schwer sein, ehrlich zu Gott zu sein. Vielleicht hast du Angst, dass Gott dich ablehnt oder bestraft, wenn du deine Schwächen und Fehler offenbarst. Vieles hat damit zu tun, wie du dir Gott vorstellst. Was glaubst du, wie Gott sich dir gegenüber verhält, wenn du anfängst, ganz ehrlich zu ihm zu sein? Siehst du ihn als Chef, als Bestimmer, als strafenden Gott, der auf dich lauert, um dich zurechtzuweisen? Oder siehst du ihn als liebenden Vater, der dich so annimmt, wie du bist? Meine (Leo) Mutter hat mir immer gesagt: „Gott sieht alles, was du tust. Du brauchst es nicht zu verbergen oder zu verstecken. Das macht keinen Sinn." Gott weiß, was in dir vorgeht. Du kannst ihm gegenüber offen und ehrlich sein. Denn das zeigt, dass du dich ihm anvertraust. Gott ist ein liebender Vater, der sich um dich kümmert und dein Bestes will.

Herr, du hast mein Herz geprüft und weißt alles über mich. Wenn ich sitze oder wenn ich aufstehe, du weißt es. Du kennst alle meine Gedanken. Wenn ich gehe oder wenn ich ausruhe, du siehst es und bist mit allem, was ich tue, vertraut. Und du, Herr, weißt, was ich sagen möchte, noch bevor ich es ausspreche.
Psalm 139,1-4 | Die Bibel, Neues Leben

Vertraue Gott
Wenn wir ehrlich zu Gott sind, zeigen wir ihm, dass wir ihm vertrauen. Aber Gott vertrauen geht noch weiter. Es bedeutet, ihm in allen Bereichen unseres Lebens zu vertrauen – in guten sowie in schwierigen Zeiten.

Die Geschichte von Josef im Alten Testament zeigt uns, wie wichtig es ist, Gott zu vertrauen. Josef wurde von seinen Brüdern verkauft und als Sklave nach Ägypten verschleppt. Aber Gott war mit ihm und sorgte dafür, dass er schließlich der zweithöchste Mann des Landes wurde. Josef hätte aufgeben können. Oder er hätte versuchen können, sich auf eigene Faust ein neues Leben aufzubauen. Stattdessen vertraute er Gott und hielt an seinem Glauben fest. Als er bei Potifar eine angesehene Aufgabe und Verantwortung übernommen hatte, vertraute er auch dort Gott und blieb ihm in der Versuchung treu.

Auch du kannst dich auf Gott verlassen und ihm vertrauen, denn er kennt dein Herz und deine Gedanken. Er weiß, was du brauchst, bevor du es selbst weißt. Wenn du durch schwierige Zeiten gehst, kannst du sicher sein, dass er dich stärkt und führt. Wenn es dir gut geht und dir alles gelingt, kannst du auch dort Gott und seinem Weg für dich vertrauen.

Auch wenn ich durch das dunkle Tal des Todes gehe, fürchte ich mich nicht, denn du bist an meiner Seite. Dein Stecken und Stab schützen und trösten mich.
Psalm 23,4 | Die Bibel, Neues Leben

Das Vertrauen in Gott kann uns helfen, alle Herausforderungen des Lebens zu meistern. Wenn wir ihm unser Leben anvertrauen, können wir sicher sein, dass er uns nie im Stich lässt. Vielleicht verstehst du nicht jede Situation, in der du gerade bist. Aber vertraue Gott, dass er dich da durchführt. Vielleicht hast du starke Sorgen oder Ängste. Vertraue Gott, dass er dir das gibt, was du benötigst. Er ist dein Schutz, deine Sicherheit, deine starke Burg. Auf ihn kannst du dich verlassen.

==Gott zu vertrauen ist der Anfang von allem. Es ist der Beginn des Wahrwerdens deines Traumes.==

Sei wertschätzend
Ein wertschätzendes Leben zu führen bedeutet, sich selbst und anderen mit Respekt und Wertschätzung zu begegnen. Anstatt uns selbst oder andere herabzusetzen, sollten wir versuchen, uns gegenseitig aufzubauen und zu unterstützen. Wenn wir uns so verhalten, können wir ein erfülltes und glückliches Leben führen, ohne ein schlechtes Gewissen zu haben. Ein schlechtes Gewissen kann sehr belastend sein. Wenn wir uns schuldig fühlen oder wissen, dass wir anderen Unrecht getan haben, kann das unsere Stimmung und unser Wohlbefinden beeinträchtigen. Wir fühlen uns unruhig, ängstlich oder traurig und können uns nur schwer auf andere Dinge konzentrieren.

Um ein schlechtes Gewissen zu vermeiden, sollten wir uns bemühen, ein wertschätzendes Leben zu führen. Das bedeutet, dass wir uns selbst und andere mit Freundlichkeit und Respekt behandeln. Wir sollten uns bemühen, ehrlich und aufrichtig zu sein und uns anständig zu verhalten. Zu dieser Ehrlichkeit gehört auch, zu seinen Fehlern zu stehen und um Vergebung zu bitten. Unehrlichkeit vergiftet den Körper und das Denken. Weiter sollten wir auch offen und bereit sein, anderen mit Mitgefühl, Wertschätzung und Vergebung zu begegnen. Hier dürfen wir dem Beispiel von Jesus folgen.

Seid nachsichtig mit den Fehlern der anderen und vergebt denen, die euch gekränkt haben. Vergesst nicht, dass der Herr euch vergeben hat und dass ihr deshalb auch anderen vergeben müsst.
Kolosser 3,13 | Die Bibel, Neues Leben

Deine Aufgaben
Nimm dir nun etwas Zeit, um die folgende Frage zu beantworten und die Aufgabe zu bearbeiten.
− Hast du zurzeit ein schlechtes Gewissen oder belastet dich etwas? Besprich das mit Gott und wenn möglich mit den beteiligten Personen.
− Schreibe dir einmal auf, was es für dich konkret bedeutet, offen gegenüber Gott zu sein und ihm zu vertrauen.

Gebet
Lieber Vater im Himmel. Ich danke dir, dass du mich durch und durch kennst. Ich will stets offen und ehrlich zu dir sein. Ich vertraue dir, denn du kennst mich durch und durch. Du meinst es immer gut mit mir. Ich will dir vertrauen, auch wenn ich nicht immer alles verstehe. Bitte vergib mir meine Fehler und zeige mir, wo ich anderen vergeben muss. Danke, dass du mir dabei hilfst. Amen

Prüfung – geläutert und bestanden
1. Mose 43-44

Jede Prüfung und Herausforderung, die man mit Gottes Hilfe meistert, stärkt deinen Glauben und deinen Charakter.

In 1. Mose 43-44 wird die Geschichte von Josef und seinen Brüdern fortgesetzt. Die Brüder kehrten nach Ägypten zurück, um erneut Getreide zu kaufen, und wurden von Josef empfangen. Und wieder stellte Josef seine Brüder auf die Probe. Nachdem beim ersten Mal einer seiner Brüder als Geisel zurückbleiben musste, befahl er beim zweiten Mal, dass der jüngste Bruder, Benjamin, für die dritte Reise mitkommen müsse. Als die Brüder bei ihrem dritten Besuch in Ägypten Benjamin mitbringen, stellt er ihnen eine Falle und will Benjamin als Gefangenen in Ägypten zurückbehalten. Wie würden sich die Brüder verhalten? Wären sie bereit, ihren jüngsten Bruder zurückzulassen, um ihre Haut zu retten?

„Man sieht sich immer zweimal im Leben." Dieses Sprichwort drückt aus, dass es im Leben oft zu Begegnungen kommt, die sich später wiederholen können. Vielleicht triffst du jemanden, der dir auf den ersten Blick unwichtig erscheint, der aber später eine wichtige Rolle in deinem Leben spielen wird. Oder du verhältst dich gegenüber jemandem völlig daneben. „Dich sehe ich sowieso nie mehr", denkst du und begegnest der Person einige Zeit später wieder. Was steht dann noch zwischen dir und der anderen Person? Diese zweiten Begegnungen haben viel Potenzial, um erneut zu verletzen oder zu heilen.

Unsere Handlungen und Entscheidungen haben Konsequenzen. Deshalb solltest du dir bewusst sein, wie du mit anderen umgehst und dich bemühen, wertschätzend und respektvoll zu sein. Denn was du heute säst, kann später auf dich zurückkommen als Segen oder als Fluch. Du solltest aus vergangenen Begegnungen und Erfahrungen lernen und dich weiterentwickeln. Vielleicht hast du in der Vergangenheit einen Fehler gemacht und jemanden verletzt. Jetzt hast du die Chance, aus deinen Fehlern zu lernen und dich in ähnlichen Situationen anders zu verhalten.

Josef sah seine Brüder wieder. Damit hatte er sicherlich nicht gerechnet. Seine Hoffnung war, dass die Beziehung zu seiner Familie heilen könnte. Und so gab er ihnen einige Prüfungen und Tests auf, um zu sehen, ob sie immer noch die gleichen Brüder waren, die ihn damals verkauft hatten. In dieser Zeit geschahen erste konkrete Schritte, um die Beziehung wieder in Ordnung zu bringen.

Auch wir können dazu beitragen, Versöhnung und Wiederherstellung in unseren Beziehungen zu erleben. Folgende Schritte sollen dir helfen, Beziehungen in deinem Umfeld wieder zu heilen:

Sprich mit Gott über die Person
Du darfst bei Gott alle deine Emotionen ungefiltert rauslassen. Er kann es einordnen und liebt dich dabei. Das ist gesünder und weiser, als direkt auf die Person zuzugehen, mit der du in einem Konflikt stehst. Denn oft verändert Gott den eigenen Blick auf das Gegenüber. Dies zu erkennen, ist ein erster Schritt zum Verständnis. Manchmal zeigt uns Gott einen blinden Fleck bei uns selbst oder offenbart uns einen Auslöser bei uns oder unserem Gegenüber, der den Konflikt geschürt hat. Der Heilige Geist inspiriert uns und leitet uns in den nächsten Schritten. David aus der Bibel war mit Gott in regem Austausch über die Konflikte mit anderen. Er ließ bei Gott all seinen Groll und seine Emotionen heraus, sodass man sich bei manchen Psalmen fast wundert. Aber gegen Ende, als all der Frust heraus war, kam David dazu, Gott zu loben und ihn anzubeten.

Und wenn sein Fall verhandelt wird, dann sorge dafür, dass man ihn schuldig spricht. Rechne ihm seine Gebete als Sünden an. Er soll ein kurzes Leben haben und sein Amt gib einem anderen. (...) Ich aber will dem Herrn stets aufs Neue danken und ihn vor allen Menschen preisen.
Psalm 109,7-8 +30 | Die Bibel, Neues Leben

Ergreife selbst die Initiative
Mach den ersten Schritt – egal ob du den Konflikt verursacht hast oder nicht. Warte nicht, bis der andere aktiv wird. Die Heilung zerbrochener Beziehungen hat bei Gott sogar Vorrang vor der gemeinsamen Anbetung.

Wenn ihr also vor dem Altar im Tempel steht, um zu opfern, und es fällt euch mit einem Mal ein, dass jemand etwas gegen euch hat, dann lasst euer Opfer vor dem Altar liegen, geht zu dem Betreffenden und versöhnt euch mit ihm. Erst dann kommt zurück und bringt Gott euer Opfer dar.
Matthäus 5,23-24 | Die Bibel, Neues Leben

Wenn eine Beziehung zerbrochen ist, plane so schnell wie möglich eine Friedenskonferenz. Schiebe nichts auf, vertröste dich nicht selbst und vermeide es, den Konflikt zu verdrängen. Vereinbare stattdessen so schnell wie möglich ein persönliches Treffen. Jede Verzögerung verstärkt nur die Verbitterung und verschlimmert die Situation. Zeit heilt den Konflikt nicht automatisch, sie lässt die Wunden nur noch mehr schmerzen. Schnelles Handeln aber verringert den Schaden.

Verstehe die Gefühle der anderen Person
Höre zu, bevor du sprichst. Bevor du versuchst, ein Missverständnis zu klären, nimm dir die Zeit, die Gefühle des anderen zu verstehen.

Denkt nicht nur an eure eigenen Angelegenheiten, sondern interessiert euch auch für die anderen und für das, was sie tun.
Philipper 2,4 | Die Bibel, Neues Leben

In diesem Vers wird das griechische Wort „skopos" verwendet, von dem sich Wörter wie „Teleskop" und „Mikroskop" ableiten. Sich um den anderen zu kümmern, bedeutet, sich ganz auf ihn einzulassen und die Wahrnehmung des Gegenübers heranzuzoomen. Sich auf die Gefühle des anderen konzentrieren, nicht nur auf die Fakten. Mitgefühl kommt vor der Lösung. Versuche nicht, die Gefühle des anderen zu leugnen. Höre einfach zu und lasse die andere Person ihre Gefühle ausdrücken, ohne dich sofort zu verteidigen. Emotionen sind nicht immer logisch. Wut führt oft zu unklugen Handlungen und Gedanken. Wenn wir verletzt sind, verhalten wir uns oft irrational. Im Gegensatz dazu sagt die Bibel:

Menschen mit Verstand zügeln ihren Zorn; sie erwerben Achtung, wenn sie über Unrecht hinwegsehen.
Sprüche 19,11 | Die Bibel, Neues Leben

Du musst auch nicht einverstanden sein, um zu verstehen. Wenn du zuhörst, vermittelst du deinem Gegenüber: „Deine Meinung ist mir wichtig und ich schätze unsere Beziehung."

Bekenne deinen Beitrag zum Konflikt
Wenn es dir wirklich wichtig ist, die Beziehung wiederherzustellen, solltest du damit beginnen, deine Fehler und deine Schuld einzugestehen. Jesus sagt, dass man auf diese Weise klarer sehen kann:

Zieh erst den Balken aus deinem eigenen Auge; dann siehst du vielleicht genug, um dich mit dem Splitter im Auge deines Freundes zu befassen.
Matthäus 7,5 | Die Bibel, Neues Leben

Da wir alle bis zu einem gewissen Grad blind sind, ist es manchmal hilfreich, eine dritte Person zu bitten, mit dir über deine Schuld an dem Konflikt zu sprechen, bevor du dich mit der Person triffst, mit der du Schwierigkeiten hast. Bitte auch Gott, dir zu zeigen, inwieweit du an dem Problem schuld bist. Frage dich, ob du selbst das Problem bist. Bist du unrealistisch, zu empfindlich oder zu unsensibel?

Schuld zu bekennen ist ein hilfreiches Mittel auf dem Weg zur Versöhnung. Oft schürt unser Umgang mit einem Problem noch mehr Verletzungen als der ursprüngliche Konflikt. Wenn du aber deine eigenen Fehler demütig zugibst, besänftigst du den Zorn des anderen und nimmst ihm den Wind aus den Segeln, denn er hat wahrscheinlich erwartet, dass du dich verteidigst und die Schuld von dir schiebst. Versuche auch nicht, deine Fehler durch äußere Umstände zu entschuldigen. Steh zu deinen Fehlern und bitte um Vergebung.

Attackiere das Problem und nicht die Person
Wenn du dich in Konfliktsituationen befindest, ist es wichtig zu verstehen, dass die Art und Weise, wie du kommunizierst, einen großen Einfluss auf deine Beziehungen hat. Wenn du dich darauf konzentrierst, anderen die Schuld

zu geben und einen unfreundlichen Ton anschlägst, wird deine Botschaft wahrscheinlich nicht ankommen und der Ärger der anderen Person wird nur noch größer. Stattdessen solltest du deine Worte mit Bedacht wählen und einen liebevollen Tonfall verwenden, der viel mehr Kraft hat als Sarkasmus.

Eine freundliche Antwort vertreibt den Zorn, aber ein kränkendes Wort lässt ihn aufflammen.
Sprüche 15,1 | Die Bibel, Neues Leben

Denke daran, dass die Art und Weise, wie du etwas sagst, genauso wichtig ist wie das, was du sagst. Wenn du angreifst, wird sich die andere Person verteidigen und du wirst nie in der Lage sein, einen Konflikt konstruktiv zu lösen. Aber genau das wäre wichtig, um nicht in einer Angriffshaltung zu verharren, sondern die Probleme auf einer sachlichen Ebene anzugehen. Sobald du aufhörst, zu beschuldigen, zu beleidigen, zu verletzen, zu verurteilen, zu kategorisieren, herabzusetzen und sarkastisch zu sein, kannst du zur Lösung des Konflikts beitragen.

Gehe auf die Person ein
Manchmal kostet es unseren Stolz, den ersten Schritt zu tun, der anderen Person zuzuhören und auf sie einzugehen. All das wünschen wir uns doch von unserem Gegenüber. Aber die Bibel fordert uns auf, aktiv zum Frieden beizutragen.

Tragt euren Teil dazu bei, mit anderen in Frieden zu leben, so weit es möglich ist!
Römer 12,18 | Die Bibel, Neues Leben

Auf die Person ganz einzugehen, heißt auch, ihr zu vergeben. Es geht nicht immer darum, sofort eine Lösung für das Problem zu finden, sondern sich auf die Person und die Beziehung einzulassen. Durch Vergebung kann wieder Nähe entstehen, auch wenn man nicht alle Lösungen parat hat. Durch diese Art der Begegnung kann wieder echte Gemeinschaft und Versöhnung passieren.

Bei Josef sehen wir, wie er mit seiner Art und den Prüfungen gegenüber seinen Brüdern alles daran setzte, wieder eine Beziehung herzustellen. Sein Wunsch war es, wieder Gemeinschaft mit ihnen zu haben. In der Vergangenheit war viel Schlechtes passiert. Doch er war bereit, ein neues Kapitel aufzuschlagen für sich und seine Familie.

Deine Aufgaben
Nimm dir nun etwas Zeit, um die folgende Frage zu beantworten und die Aufgabe zu bearbeiten.
- Auf welche Person solltest du zugehen, damit ein Konflikt gelöst werden kann?
- Es kann hilfreich sein, dass du dir vorher die Dinge aufschreibst, die du sagen möchtest.

Gebet
Lieber Vater. Ich danke dir, dass ich mit dir echte Gemeinschaft haben darf. Darum bringe ich dir meinen ganzen Frust und meine Verletzungen. Bitte hilf mir doch, die Konflikte in meinem Leben mit anderen Menschen anzugehen. Durch deine Vergebung ist all das möglich. Gib mir Weisheit und Liebe, und lass mich von ganzem Herzen vergeben, damit wieder echte Gemeinschaft mit (setze den Namen/die Namen der Person/-en ein) entstehen kann. Danke, dass du mich leitest.
Amen

**Wenn wir aber
unsere Sünden bekennen,
so ist Er treu und gerecht,
dass Er uns die Sünden vergibt**

1. Johannes 1,9a

Vergebung
1. Mose 45

„Es ist einfacher, einem Feind zu vergeben, als einem Freund."
William Blake

Vergebung ist nicht fair, aber erlösend und befreiend
Nelson Mandela war ein südafrikanischer Anti-Apartheid-Aktivist, der 27 Jahre im Gefängnis verbrachte. Obwohl er allen Grund dafür gehabt hätte, verbittert zu sein und nach Rache zu sinnen, setzte er sich nach seiner Freilassung 1990 für Frieden und Versöhnung zwischen Schwarzen und Weißen in Südafrika ein. Mandela erkannte, dass der Weg zu Freiheit und Gleichheit in Südafrika nur über Vergebung führen konnte. Er arbeitete eng mit dem damaligen südafrikanischen Präsidenten F.W. de Klerk zusammen, um ein neues, demokratisches Südafrika aufzubauen. Obwohl Mandela viele Jahre im Gefängnis verbrachte und von der Regierung unterdrückt wurde, vergab er seinen Feinden und setzte sich für ihre Freilassung und Rehabilitierung ein. Seine Fähigkeit, zu vergeben, half ihm, den Übergang zu einem neuen Südafrika zu erleichtern und die durch die Apartheid verursachte Gewalt und Spaltung zu überwinden.

Sicherlich wissen wir alle, dass Vergebung gut und richtig ist. Jedoch ist dies oft einfacher gesagt als getan. Aber es bleibt, wie es ist: Gott fordert uns dazu auf, anderen Menschen zu vergeben.

Seid stattdessen freundlich und mitfühlend zueinander und vergebt euch gegenseitig, wie auch Gott euch durch Christus vergeben hat.
Epheser 4,32 | Die Bibel, Neues Leben

Wer nicht vergibt, fügt sich selbst den größten Schaden zu
Wenn wir nicht vergeben, ist es, wie wenn eine wichtige unerledigte Aufgabe ständig nach unserer Aufmerksamkeit schreit. Unsere Gedanken kreisen um die Person, der wir nicht vergeben können, und unser Körper befindet sich in ständiger Alarmbereitschaft.

Wenn wir anderen nicht verzeihen, schaden wir uns selbst. Anhaltender Groll gegen andere macht uns traurig und wütend. Deshalb ist es nicht nur für den ‚Übeltäter' eine Erleichterung, wenn wir über unseren Schatten springen und ihm vergeben, sondern auch gerade für uns selbst. Auch unsere Sprache spiegelt das wider: Wenn wir jemandem etwas nachtragen, haben wir die Hände nicht frei und tragen Lasten, die eigentlich nicht unsere sind. Es raubt uns Zeit und Energie, die wir besser nutzen könnten. Darum ist unsere Entscheidung, anderen zu vergeben, ein wichtiger und nötiger Schritt, um befreiter und leichter leben zu können.

Vergeben heißt nicht gutheißen
Als Josef sich schließlich seinen Brüdern zu erkennen gab, begann er zu weinen. Es waren Tränen, die all den Schmerz und die Bitterkeit wegspülten. All die Last und die Enttäuschung der letzten Jahre fielen von ihm ab. An seinen Worten sehen wir, was sich alles in seinem Denken, seiner Haltung und seiner Sicht verändert hat.

> *„Kommt her zu mir!", sagte er. Sie kamen näher. Und wieder sagte er: „Ich bin euer Bruder Josef, den ihr nach Ägypten verkauft habt. Aber macht euch deswegen keine Vorwürfe. Gott selbst hat mich vor euch her geschickt, um euer Leben zu retten."*
> 1. Mose 45,4-5 | Die Bibel, Neues Leben

Nach seinem unglaublichen Weg, den er zurückgelegt hat, konnte er nun auch seinen engsten Angehörigen vergeben. Und er sah in all den Geschehnissen Gottes Wirken.

Wem solltest du heute vergeben? Kommt dir eine Person in den Sinn? (Oder musst du dir vielleicht auch selbst vergeben?) Gott will dich nicht zu etwas zwingen, sondern er weiß, wie gut es dir tut, wenn du vergibst. ==Es ist ein geistliches Geheimnis, welche Kraft es freisetzt und welche Ketten gesprengt werden, wenn wir einander vergeben.== Aber Vergebung fällt nicht immer leicht. Wir wollen dir einige Schritte dafür an die Hand geben, damit du das schaffen kannst.

Akzeptanz
Rede die Dinge nicht schön, sondern benenne sie für dich. Du musst akzeptieren, was passiert ist und dass dich jemand verletzt oder betrogen hat. Josef sagte klipp und klar, dass es seine Brüder waren, die ihn verkauft hatten. Sie haben es getan und er leugnete es nicht.

Emotionen anerkennen
Du musst deine Gefühle anerkennen und erlauben, sie zu fühlen, um sie dann loslassen zu können. So oft denken wir, dass es nicht angebracht ist, emotional zu werden, wenn andere Menschen uns verletzt haben. Es ist richtig, dass wir diese Gefühle nicht immer bei den anderen herauslassen sollten, aber immer bei Gott. Unterdrücke nicht deinen Schmerz, deine Gefühle und Emotionen. Fühle das mit dem Ziel, nicht danach zu handeln, sondern wieder loszulassen.

Verständnis
Versuche zu verstehen, warum die Person, die dich verletzt hat, so gehandelt hat. Manchmal kann das Verständnis für die Beweggründe der Person helfen, ihr oder ihm leichter zu vergeben.

Loslassen
Lass die Vergangenheit los und konzentriere dich auf die Zukunft. Belaste dich nicht mehr mit negativen Gefühlen und Gedanken. Gib Gott ganz bewusst deine Last ab und verstricke dich nicht in langem Grübeln über deine Vergangenheit. Du bist nicht das Opfer, das dort gefangen bleiben muss. Du kannst und darfst nach vorne schauen.

Vergebung aussprechen
Wenn du dazu bereit bist, kannst du der Person, die dich verletzt hat, vergeben und ihr dies, wenn es angebracht ist, auch mitteilen. Du musst dir klar sein, dass Vergebung meist eine reine Entscheidung ist. Auch wenn deine Gefühle noch Achterbahn fahren, kannst du dich dafür entscheiden. Bitte dabei Gott um Hilfe. Denn wenn du einer anderen Person vergibst, lässt du sie sozusagen frei, indem du ihr die Schuld, die sie durch ihre Tat auf sich geladen hat, nicht mehr vorhältst.

Je näher uns die Menschen stehen, desto schwerer kann es sein, ihnen zu vergeben. Wir haben sie so nah an uns herangelassen und wurden durch sie enttäuscht. Darum können diese Schritte einige Zeit brauchen. Vielleicht musst du diese Person eine Weile lang täglich im Gebet loslassen. Oder vielleicht nimmst du die Hilfe einer Seelsorgerin oder eines Beraters in Anspruch, um die ersten Schritte mit dir zu gehen. Aber wir möchten dich ermutigen; bleib nicht in der Vergangenheit stecken. Vergebung ist der Weg nach vorne in deine Zukunft, hin zu deinem Traum.

Deine Aufgaben
Nimm dir nun etwas Zeit, um die folgende Frage zu beantworten und die Aufgabe zu bearbeiten.
— Welcher Person solltest du heute noch vergeben?
— Schreibe dir einmal zu den oben genannten Schritten zur Vergebung deine Gedanken und Gefühle auf, damit es dir leichter fällt, zu vergeben.

Gebet
Lieber Vater im Himmel. Ich danke dir von Herzen, dass du mir vergibst. Das will auch ich heute tun. Ich entscheide mich heute (setze den Namen der Person ein) zu vergeben. Bitte hilf mir dabei, ihr/ihm ganz zu vergeben und sie/ihn loszulassen. Ich will nicht in der Vergangenheit stehen bleiben, sondern ich gehe mit dir in die Zukunft. Denn du hast einen wunderbaren Plan mit mir. Ich liebe dich.
Amen

24 Versöhnung
1. Mose 45; 50,15-21

Vergeben heißt noch nicht versöhnt
Wenn wir uns entscheiden, jemandem zu vergeben, heißt das noch nicht, dass wir mit dieser Person auch versöhnt sind. Denn Vergebung und Versöhnung sind zwei unterschiedliche, aber miteinander verbundene, Prozesse. Vergebung bezieht sich auf den Akt des Verzeihens, d. h. die bewusste Entscheidung, die Verletzung, die einem zugefügt wurde, loszulassen und der anderen Person ihre Schuld nicht mehr nachzutragen. Vergeben kannst du auch, wenn dein Gegenüber nicht anwesend ist oder keine Reue zeigt. Versöhnung hingegen bezieht sich auf den Prozess, der stattfindet, wenn zwei oder mehr Parteien aktiv daran arbeiten, ihre Beziehung zu heilen und wiederherzustellen. Versöhnung beinhaltet die Vereinbarung oder Wiederherstellung von Vertrauen und Nähe zwischen allen Personen, die zuvor durch Konflikte, Verletzungen oder Streitigkeiten getrennt waren. Es ist ein gemeinsamer Weg, der Zeit und Arbeit erfordert und oft mit Entschuldigungen und der Übernahme von Verantwortung einhergeht.

Die Geschichte von Josef ist in dieser Hinsicht sehr spannend. Denn Josef war es wichtig, seinen Brüdern nicht nur zu vergeben, sondern sich auch mit ihnen zu versöhnen. Er hätte sie einfach mit Lebensmitteln versorgen und sie wieder gehen lassen können. Er hätte ihnen vergeben können und aus den Augen, aus dem Sinn. Aber er wollte mehr. Er wollte sich mit ihnen versöhnen und mit ihnen Gemeinschaft haben.

==Bist du bereit, wieder Gemeinschaft mit den Menschen zu haben, die dich verletzt oder enttäuscht haben?== Willst du die Beziehung wiederherstellen, sodass nichts mehr zwischen euch steht?

Jesus Christus ist für unsere Schuld gestorben und hat uns vergeben. Wegen seines Opfers rechnet Gott uns unsere Schuld nicht mehr an. Aber Gott will mehr. Er will uns nicht nur unsere Schuld vergeben, er will sich mit uns versöhnen, damit wieder eine echte und ehrliche Gemeinschaft entstehen kann.

Denn Gott war in Christus und versöhnte so die Welt mit sich selbst und rechnete den Menschen ihre Sünden nicht mehr an. Das ist die Herrliche Botschaft der Versöhnung, die er uns anvertraut hat, damit wir sie anderen verkünden.
2. Korinther 5,19 | *Die Bibel, Neues Leben*

Gott ist es so wichtig, dass nicht nur Vergebung, sondern auch Versöhnung geschehen kann. Denn Gott ist ein Gott der Gemeinschaft. Er hat uns geschaffen, damit wir gesunde Beziehungen leben können. Mit ihm und mit anderen Menschen.

Ich (Leo) kann mich daran erinnern, dass ich mit 18 Jahren mit einer anderen Person auf einer Musik-Tournee war, und wir hatten Streit. Wir konnten uns nicht mehr ausstehen und gingen uns aus dem Weg. Irgendetwas hat mich so sehr ‚getriggert', dass bei mir die Rollladen runtergingen, wenn ich ihn nur sah. Selbst beim Essen wollten wir nicht mehr zusammen sein. Nach einer Woche wurde die Situation immer unangenehmer. Eines Abends sprachen wir endlich aus, was uns belastete und versuchten, die Situation aus der Sicht des anderen zu sehen. Plötzlich sah alles etwas anders aus. Am Ende haben wir uns verziehen und sind auf der Tournee sogar beste Freunde geworden. Das hätte ich vorher nie für möglich gehalten. Aber wir haben uns nicht nur vergeben, sondern auch versöhnt.

Im Folgenden wollen wir gemeinsam einige Aspekte betrachten, wie Versöhnung geschehen kann.

Vergebung ist der erste Schritt
Ein wichtiger Schritt auf dem Weg zur Versöhnung ist Vergebung. Es ist wichtig zu betonen, dass Vergebung nicht bedeutet, das Verhalten des anderen gutzuheißen oder das Geschehene zu vergessen. Vielmehr geht es darum, nicht mehr in der Vergangenheit zu leben (siehe auch Kapitel 23).

Kommunikation
Nach den Prüfungen mit seinen Brüdern war Josef sehr offen zu ihnen. Er sagte ehrlich, was in ihm vorging und was ihn beschäftigte. Er zeigte sogar

so viel Nähe, dass er vor ihnen weinte, so dass der ganze Palast des Pharaos es hörte. Und auch bei meinem Streit auf der Musiktournee mussten wir uns zuerst einmal eingestehen, dass wir uns gegenseitig verletzt hatten.

Offene und ehrliche Kommunikation ist ein Schlüsselfaktor für eine erfolgreiche Versöhnung. Es geht darum, die Perspektive des anderen zu verstehen und Missverständnisse auszuräumen. Durch Kommunikation können auch Grenzen und Erwartungen für die Zukunft geklärt werden. Wage es, offen und freundlich zu kommunizieren. Dies geht nicht, ohne dass du dich in einem gewissen Maß auch verletzlich machst, denn du weißt nicht im Voraus, wie die andere Person reagiert. Wage es trotzdem und vertraue darauf, dass Gott dir beisteht, egal was dabei herauskommt.

Einfühlungsvermögen
Empathie ist eine wichtige Fähigkeit, um Verständnis und Vergebung zu ermöglichen. Es geht darum, sich in den anderen hineinzuversetzen und seine Perspektive zu verstehen. Empathie kann helfen, Verständnis und Mitgefühl zu fördern und die Grundlage für eine erfolgreiche Versöhnung zu schaffen.
Josef war sich bewusst, dass seine Brüder sich Vorwürfe machten (1.Mose 45,5). Er sprach sie direkt an und sorgte sich um sie. Er wollte nicht, dass etwas Unausgesprochenes zwischen ihnen stand.

Wiedergutmachung
Wenn möglich, kann Wiedergutmachung zur Versöhnung beitragen. Sie kann dazu beitragen, Vertrauen und Respekt zwischen den Parteien wiederherzustellen. Wiedergutmachung kann verschiedene Formen annehmen, z. B. eine Entschuldigung, die Wiedergutmachung des Schadens oder eine Verpflichtung, sich in Zukunft anders zu verhalten.

Josefs Brüder taten, worum Josef sie bat, nämlich seinen Vater zu sich nach Ägypten zu holen. So konnte er ihn und seine ganze Familie versorgen. Auch Josef tat alles, damit es seinen Brüdern gut ging und gab ihnen mehr als genug. Manchmal zeigt sich gerade in diesem Verhalten der dringende Wunsch, wieder Gemeinschaft zu haben. Vergebung und Versöhnung kann man sich nicht erkaufen, aber sie sind ein Zeichen der eigenen Großzügigkeit und des Herzens.

Zeit und Geduld
Versöhnung braucht oft Zeit. In der Bibel lesen wir so schnell von Vers zu Vers, dass wir manchmal nicht bedenken, wie viel Zeit z. B. zwischen den Reisen der Brüder verging. Auch all die Prüfungen, die Josef seinen Brüdern auferlegte, waren Schritte auf dem Weg zur Versöhnung.

Gelungene Versöhnung braucht Zeit und Geduld. Es kann schwierig sein, einander zu vergeben und Vertrauen wieder aufzubauen. Es ist wichtig, realistische Erwartungen zu haben und dem Prozess Zeit zu geben, um zu heilen und zu wachsen.

Beginne mit dem ersten Schritt
Wer sollte den ersten Schritt zur Versöhnung machen? Auch wenn es hart klingen mag: Die Person, die am meisten verletzt wurde. Wir sehen das an Josef, wie er das tat und sich auf den Weg machte, um wieder Gemeinschaft mit seiner Familie zu haben. Man hätte es verstehen können, wenn er sich selbst zuliebe seinen Brüdern nur vergeben hätte, um nicht in der Vergangenheit zu verharren und verbittert zu werden. Wenn er in Zukunft nichts mehr mit ihnen zu tun hätte haben wollen, hätten die meisten von uns Verständnis. Er war verkauft, verletzt und verachtet worden. Warum sollte er sich mit ihnen versöhnen?

Aber Gott hat die ganze Zeit an seinem Herzen gearbeitet. All sein falscher Stolz und seine negativen Äußerungen, auch gegenüber seinen Brüdern, waren längst Vergangenheit. Somit war er bereit, den ersten Schritt zur Versöhnung zu machen. Kann Gott auch an deinem Herzen arbeiten und dich dazu führen, den ersten Schritt zu tun? Gott will zerbrochene Beziehungen wiederherstellen. Dafür ist Jesus gestorben und auferstanden. Schuld kann vergeben werden und eine neue, heile Gemeinschaft ist wieder möglich. Bist du bereit, diesen Weg zu gehen?

Deine Aufgaben
Nimm dir nun etwas Zeit, um die folgende Frage zu beantworten und die Aufgabe zu bearbeiten.
- Willst du dich mit der Person versöhnen, die dich verletzt hat?
- Schreibe einmal die verletzenden Tatsachen oder Umstände aus der Sicht der anderen Person auf.

Gebet

Lieber Vater im Himmel. Ich staune darüber, dass es dir so wichtig ist, dass du eine enge und tiefe Gemeinschaft mit mir haben möchtest. Danke, dass ich versöhnt mit dir leben darf. Ich möchte dich bitten, dass du mir dabei hilfst, mit den Menschen um mich herum versöhnt zu sein. Zeige mir klar die Schritte, die ich gehen sollte. Danke, dass du mich leitest.
Amen

Vom Test zum Zeugnis
1. Mose 37-50

Wenn das Leben nicht fair ist, ist Gott dennoch gut und treu
Josef war ein junger Mann aus der Familie Jakobs. Er wurde von seinen Brüdern verkauft und als Sklave nach Ägypten gebracht, wo er für Potifar arbeitete. Obwohl er sich nichts hatte zuschulden kommen lassen, wurde er von Potifars Frau zu Unrecht beschuldigt und ins Gefängnis geworfen. Während seiner Zeit im Gefängnis zeigte er seine Fähigkeit, Träume zu deuten und half seinen Mitgefangenen. Als er später die Träume des Pharaos richtig deutete, wurde er zum zweithöchsten Mann des Landes ernannt. Unter seiner Führung wurde Ägypten reich und blühte auf. In dieser Zeit traf er auch seine Brüder wieder und verzieh ihnen ihre Taten, was zeigt, dass er gelernt hatte, Vergebung zu praktizieren.

Welchen Weg hat Josef in dieser Geschichte zurückgelegt? Im Großen und Ganzen zeigt seine Geschichte, dass er sich durch seine Erfahrungen verändert hat und zu einem weisen und gütigen Mann geworden ist. Wenn wir zurückblicken: Im 4. Kapitel haben wir gesehen, dass so vieles von Josef weggeschlagen wurde (wie bei der Davidstatue), um sein Herz und seine wahre Identität zum Vorschein zu bringen. In all diesen Dingen hat Gott ihn geprüft. Er hat sich darauf eingelassen, hat sich verändert. In all diesen Lebensbereichen sehen wir, wie sein Wesen von Gott geprägt wurde. Seine Tests wurden zu seinem persönlichen ‚Testimony' (engl. für Zeugnis).

Stolpersteine oder Treppe?
Wir alle werden früher oder später in unserem Leben mit Hindernissen konfrontiert. Sei es durch äußere Umstände, durch andere Menschen oder auch durch uns selbst. Entscheidend ist, wie wir mit diesen Hindernissen umgehen. Stolpersteine können uns aus dem Gleichgewicht und ins Straucheln bringen. Es gibt aber auch eine andere Perspektive: Stolpersteine können dir helfen, zu wachsen und um dich weiterzuentwickeln. Aus Fehlern und Schwierigkeiten kannst du lernen, dich verbessern und stärker werden. Stolpersteine können wie eine Treppe sein, die du erklimmst. Es erfordert Anstrengung und Geduld, aber am Ende führt es dich zu einem höheren Ziel. Das ist eine Metapher für das Leben. Jeder Schritt auf der Treppe bringt

dich deinem Ziel näher und kann dir helfen, deine Fähigkeiten und deine Ausdauer zu verbessern.

Wie du mit Hindernissen umgehst, macht einen großen Unterschied in deinem Leben. Du kannst dich entmutigen lassen und aufgeben oder das Hindernis als Chance sehen. Wenn du das Hindernis als Chance siehst, wirst du deine Fähigkeiten, dein Selbstvertrauen und deinen Glauben stärken. Du wirst dich selbst besser kennenlernen und deine Grenzen erweitern. Wenn du Hindernisse auf diese Weise betrachtest, wirst du feststellen, dass sie dich auf deinem Weg voranbringen und dir helfen, dein volles Potenzial zu entfalten, das Gott dir gegeben hat.

Wie ist deine Herangehensweise in den folgenden Lebensbereichen? Werden sie dir zur Stolperfalle oder zu einer Treppe? Wie sieht dein Umgang aus mit:
- Stolz
- Verlust
- Erfolg
- Reinheit
- Anstrengung
- Geduld
- Begabung
- Macht
- Wohlstand
- Vergebung

Josef nahm alle diese Tests an und ließ Gott an sich arbeiten. Tue es ihm gleich und lass dich darauf ein.

Arbeite mit dem Heiligen Geist zusammen
Der Heilige Geist wirkt mit seiner Kraft immer dann, wenn man im Glauben und Vertrauen auf Gott einen Schritt tut. Warte nicht darauf, dass es von selbst geschieht. Eigeninitiative und Gehorsam setzen Gottes Kraft in dir frei. Dein Charakter wird durch das Wirken des Heiligen Geistes geformt. Aber du musst dich darauf einlassen. Wie ein Auto nur dann in die gewünschte Richtung fährt, wenn es sich in Bewegung setzt, so sollen auch wir uns in Bewegung setzen, damit Gott uns die Richtung weisen kann.

Egal, was die oben genannten Bereiche bei dir auslösen, das Ziel ist, dass Gott all das, was eigentlich gar nicht zu dir gehört, wegnehmen möchte. Er weiß, was dir guttut und was dich ans Ziel führt.

Deshalb sollt ihr euer altes Wesen und eure frühere Lebensweise ablegen, die durch und durch verdorben war und euch durch trügerische Leidenschaften zugrunde richtete. Lasst euch stattdessen einen neuen Geist und ein verändertes Denken geben. Als neue Menschen, geschaffen nach dem Ebenbild Gottes und zur Gerechtigkeit, Heiligkeit und Wahrheit berufen, sollt ihr auch ein neues Wesen annehmen.
Epheser 4, 22-24 | Die Bibel, Neues Leben

Gottes Geist möchte an dir wirken und dich zu Jesus Ebenbild formen. Und was ist unser Anteil daran? Paulus schreibt: „Lasst euch stattdessen einen neuen Geist und ein verändertes Denken geben." Wir müssen es zulassen, Ja sagen zu dem Prozess, den Gott mit uns gehen will. Es ist ein aktiver Schritt von dir, indem du dich darauf einlässt, indem du das neue Verhalten annimmst und indem du auf das hörst, was er zu dir sagt. Dies geschieht nicht über Nacht, sondern ist ein Weg, den du mit dem Heiligen Geist zusammen gehst. Es ist wichtig zu betonen, dass geistliches Wachstum nicht allein durch das Lesen der Bibel und das Beten geschieht. Es erfordert auch Anstrengungen und Veränderungen in unserem täglichen Leben. Wir müssen uns bemühen, unsere Gedanken und Gewohnheiten zu ändern.

Gott gebraucht Menschen und Umstände, um dich zu verändern
Man braucht die Gemeinschaft mit anderen Christen, um sich gegenseitig zu unterstützen und zu ermutigen. Gottes Wort gibt dir die Wahrheit, die du brauchst, um zu wachsen, und deine Umstände im Leben geben dir den Raum, in dem du deine Christusähnlichkeit praktizieren kannst. Das kann manchmal ganz schön anstrengend sein. Wenn Gott z. B. an unserem falschen Stolz arbeiten möchte, kann er uns Menschen zur Seite stellen, die uns genau an diesem Punkt treffen. So kann es sein, dass dein Stolz verletzt wird. Aber das Ziel wäre es, in diesem Punkt gesund zu werden und so zu leben, wie Gott es sich vorstellt. Ebenso können Umstände wie finanzielle Not, Krankheit oder andere Probleme dein Leben belasten. Aber an diesen Umständen kannst du lernen, deinen Charakter von Gott formen zu lassen und

den Glauben für Veränderung nicht zu verlieren. Wie kannst du in deinem Charakter und in deinem Glauben wachsen – heute, in deinen Umständen und Herausforderungen?

Der Adler ist ein beeindruckendes Tier und ein Symbol für Stärke und Macht. Eine bemerkenswerte Eigenschaft des Adlers ist, dass er bewusst in den Sturm fliegt, während andere Vögel Schutz suchen. Warum tut er das? Weil es ihm hilft, seine Flügel zu stärken. Der Druck des Sturms trainiert seine Muskeln und verbessert seine Flugfähigkeiten. Der Adler versteht, dass Hindernisse ihm helfen können, zu wachsen und sich zu verbessern. Vom Adler können wir lernen, dass Herausforderungen und Schwierigkeiten uns stärken können, wenn wir sie bewusst angehen und als Chance sehen, uns zu verbessern. Darum: gib nicht auf, sondern trainiere deine Charakter- und Glaubensmuskeln in den Stürmen des Lebens. Und die gute Nachricht ist: Wir fliegen nicht allein in den Sturm. Jesus hat uns nämlich versprochen, bei uns zu bleiben.

Und seid gewiss: Ich bin jeden Tag bei euch bis zum Ende der Zeit!
Matthäus 28,20b | *Die Bibel, Neue evangelistische Übersetzung*

Es braucht Zeit
Geistliches Wachstum ist ein Prozess, der unsere Anstrengung und die Zusammenarbeit mit dem Heiligen Geist erfordert. Es braucht Zeit und Mühe, unsere alten Verhaltensmuster abzulegen und den ‚neuen Menschen' anzuziehen, den Gott in uns geschaffen hat. So sehr wünscht man sich, dass diese Veränderung und diese Tests im Leben schnell vorangehen. „Gott, schenke mir Geduld, aber bitte sofort." Aber oft funktioniert das so nicht. Lasse dich darauf ein und gib der Veränderung Zeit. Sei nicht überrascht, wenn du einen Rückschlag erlebst und deine Entwicklung nicht linear nach oben zeigt. Wenn du hinfällst, dann ergreife die Hand Gottes und steh wieder auf, geh weiter.

Bei Josef sehen wir, wie sehr er aufblühte und zu dem Mann wurde, wie Gott ihn schon längst sah. Er hatte großartige Pläne für ihn und bereitete ihn darauf vor. Gott hat auch einen wundervollen Traum für dich. Lass dich darauf ein und lass dich von ihm formen und verändern.

Meine lieben Freunde, wir sind schon jetzt die Kinder Gottes, und wie wir sein werden, wenn Christus wiederkommt, das können wir uns nicht einmal vorstellen. Aber wir wissen, dass wir bei seiner Wiederkehr sein werden wie er, denn wir werden ihn sehen, wie er wirklich ist.
1. Johannes 3,2 | Die Bibel, Neues Leben

Deine Aufgaben
Nimm dir nun etwas Zeit, um die folgende Frage zu beantworten und die Aufgabe zu bearbeiten.
- In welchen der oben genannten Bereiche hast du am meisten Schwierigkeiten?
- Schreibe dir einmal auf, welche Umstände oder Menschen dich am meisten verändern (könnten).

Gebet
Lieber Vater. Ich danke dir, dass du mich so liebst, wie ich bin. Gleichzeitig bist du so sehr an mir interessiert, dass du mich zu der Person gestalten willst, wie du mich schon längst siehst. Ich vertraue dir, dass du mich wunderbar führst. Ich lasse es zu, dass du mein Herz und meinen Charakter formen darfst. Bitte hilf mir dabei, mich ganz darauf einzulassen. Denn ich weiß, dass du es nur gut mit mir meinst. Ich vertraue dir.
Amen

Gottes Umwege
1. Mose 37-50

„Ich bin euer Bruder Josef, den ihr nach Ägypten verkauft habt. Aber macht euch deswegen keine Vorwürfe. Gott selbst hat mich vor euch her geschickt, um euer Leben zu retten. (...) Ja, nicht ihr habt mich hierher geschickt, sondern Gott! Und er hat mich zum wichtigsten Berater des Pharaos gemacht – zum Herrn über sein ganzes Haus und zum Herrscher über ganz Ägypten."
1. Mose 45,4-5+8 | Die Bibel, Hoffnung für alle

Umwege führen schneller zum Ziel
Wer mag schon Umwege? Oft ärgert man sich, wenn man falsch abgebogen ist. Fast noch schlimmer ist es, wenn man auf der Autobahn in die falsche Richtung fährt und lange keine Ausfahrt hat. Aber bei all den vermeintlichen ‚Umwegen' und Misserfolgen im Leben übersieht man leicht, dass es auch etwas anderes geben könnte. Misserfolge und Rückschläge im Leben können tatsächlich göttliche Umwege sein, die uns letztlich zu unserer Bestimmung führen. Gott benutzt Ungerechtigkeit, um uns zu formen und uns zu helfen, das zu werden, was wir sein sollen. Das bedeutet auf keinen Fall, dass es in Ordnung ist, wenn Menschen einander Unrecht antun. Aber auch wenn es sich ungerecht anfühlt und uns trifft, sollten wir Gott vertrauen und verstehen, dass alles Teil seines Plans ist. Wenn wir das tun, können wir in Frieden leben und uns auf das konzentrieren, was wirklich wichtig ist, anstatt uns andauernd zu hinterfragen.

„Warum ist das passiert?" oder „Warum habe ich das nicht erreicht?" Diese Fragen drängen sich bei einem Misserfolg bald in den Vordergrund. Und es ist wichtig, dass wir aus unseren Fehlern lernen. Aber wir sollten uns auch bewusst sein und verstehen, dass nicht hinter jedem Unrecht oder Rückschlag ein Angriff des Feindes steckt. Und in allem dürfen wir uns daran erinnern, dass Gott alles, was geschieht, für seinen Plan gebrauchen kann.

Und wir wissen, dass für die, die Gott lieben und nach seinem Willen zu ihm gehören, alles zum Guten führt.
Römer 8,28 | Die Bibel, Neues Leben

Die Frage ist, ob wir die richtige Perspektive haben.
Auf einer Schiffsreise nach Rom wurde Paulus von einem Sturm überrascht, der das Schiff versenkte und die Besatzung fast das Leben kostete. Aber er behielt die Hoffnung und vertraute darauf, dass Gott ihn vor dem Kaiser stehen lassen würde. Paulus wusste: Wenn Gott eine Zusage gab, konnte nichts und niemand etwas daran ändern. Durch ein Wunder war das Schiff zwar verloren, aber niemand ertrank, sondern sie konnten sich an Land einer Insel retten. Und sozusagen als Bonus konnte Paulus auf dieser Insel die gute Nachricht von Jesus verbreiten und Menschen wurden durch die Kraft Gottes geheilt (siehe Apostelgeschichte 27-28).

Schwierigkeiten können manchmal wie ein Transportmittel sein, das dich einen Schritt weiterbringt, um dorthin zu gelangen, wo du sein solltest.

Gottes Umwege
Josef war ein Teenager, als Gott ihm den Traum ins Herz legte, dass er eines Tages eine Führungsposition einnehmen und große Dinge tun würde. Und was geschah? Haben sich Türen geöffnet? Kamen Beförderungen? Nein, seine Brüder wurden neidisch und warfen ihn in eine Grube. Verrat – das war falsch. Er wurde als Sklave verkauft, kam in ein fremdes Land, sprach die Sprache nicht – das war auch falsch. Er arbeitete hart und gab sein Bestes, als die Frau des Besitzers log und ihn zu Unrecht beschuldigte und ins Gefängnis warf – auch das war falsch. Eines Nachts hatte der Pharao, der Herrscher des Landes, einen Traum, den er nicht verstand. Jemand erzählte ihm, dass ein Gefangener namens Josef Träume deuten könnte.

Sofort schickte der Pharao nach Josef und er wurde schnell aus dem Gefängnis herbeigeholt.
1. Mose 41,14a | Die Bibel, Neues Leben

Nach all dem Unrecht, das man ihm angetan hatte, sollte er nun die mächtigste Person der damaligen Zeit treffen. Er deutete seinen Traum. Der Pharao war so beeindruckt, dass er Josef zum zweithöchsten Mann von ganz Ägypten ernannte, der nur ihm gegenüber verantwortlich war.
Beachte, wie all das Unrecht zu einem Recht geführt hat. Ohne diese Stationen wäre er nie in den Palast gekommen. Wären seine Brüder nicht eifer-

süchtig gewesen, wäre der ganze Plan nicht aufgegangen. Wäre er nicht als Sklave verkauft worden, hätte Potifars Frau nicht gelogen, wäre er nicht im Gefängnis gelandet ... würden wir nicht über Josef sprechen.

Vielleicht gibt es auch in deinem Leben Ungerechtigkeit: Menschen, die ihr Wort nicht halten, die Pandemie, die dich zurückgeworfen hat, die Tür, die sich für deinen Traum geschlossen hat, für den du so hart gearbeitet hast. Glaubst du, dass Gott einen schlechten Tag hatte, als er dein Leben plante? Nein, das sind ‚göttliche' Umwege. Du bist immer noch in Gottes Hand. Josef sagt zu seinen Brüdern Folgendes:

> *„Ihr habt Böses gegen mich im Sinne gehabt, Gott aber hatte dabei Gutes im Sinn, um zu erreichen, was heute geschieht: viel Volk am Leben zu erhalten. Nun also fürchtet euch nicht! Ich selbst will für euch und eure Kinder sorgen."*
> 1. Mose 50,20-21 | Die Bibel, Einheitsübersetzung

Dieser Satz bedeutet: „Gott hat mich in diese Lage gebracht." Wir denken, dass Gott immer nur ausbügelt, was der Feind tut, und dass Gott Überstunden macht, um mitzuhalten. Stell dir vor, Gott würde sich Sorgen machen ...

> *„O Mann, was ist passiert? Josef wurde verraten? Seine Brüder haben ihn in die Grube geworfen? Was soll ich jetzt tun?"*

> *„Was sagst du? Paulus ist in einem Sturm und droht, sein Leben zu verlieren? Ich dachte, er geht nach Rom?"*

> *„Alarmstufe Rot! Jesus wird verhaftet!"*

Nein, Gott lässt sich nicht überrumpeln. Vieles von dem, was wir für den Feind halten, ist in Wirklichkeit Gottes Hand, die uns zu unserem Ziel führt.

Vertraue Gottes Umwegen
Wenn du nicht weißt, wie du mit einer guten Einstellung durch die Ungerechtigkeit hindurchgehen kannst: Vertraue Gott und lass es geschehen. Dies mag zuerst eigenartig klingen. Aber schauen wir Josef an. In all den Schwierigkeiten, in denen er steckte, ließ er es geschehen und war dort ganz

präsent. Er vertraute darauf, dass Gott mit ihm ans Ziel kommen würde. Er brach nicht aus dem Gefängnis aus. Er versuchte nicht, als Sklave zu fliehen. Sondern er war da und vertraute darauf, dass diese ‚Umwege Gottes' ihn dorthin führen, wo Gott ihn haben wollte.

Nimm eine neue Perspektive ein: Die Umwege sind nicht zufällig, es sind göttliche Umwege. Höre auf zu kämpfen und vertraue.

Das hilft mir
Jesus vergleicht uns mit Schafen und nennt sich selbst den guten Hirten. Wenn du in Situationen gerätst, in denen du Gottes Wege nicht verstehst, denke daran: Du bist wie ein Schaf, das nur sieben Meter weit sehen kann und nicht sehr intelligent ist. Nicht besonders positiv, oder? Aber andererseits bist du auch wie ein Schaf, das keine Lasten tragen muss und sich keine Sorgen zu machen braucht. Außerdem hat ein Schaf sehr gute Ohren, um auf die Stimme des Hirten zu hören. Auch du darfst auf die Stimme von Jesus hören, der sagt: „Ich bin bei dir, ich verlasse dich nicht. Ich kenne den Weg und werde dich sicher ans Ziel bringen."

Deine Aufgaben
Nimm dir nun etwas Zeit, um die folgenden Fragen zu beantworten und die Aufgabe zu bearbeiten.
– Welche ‚Umwege' in deinem Leben könnten von Gott sein? Wohin führen sie dich?
– Schreibe dir einmal auf, wohin dich deine bisherigen Umwege geführt haben.

Gebet
Lieber Vater im Himmel. Ich danke dir, dass du alle Macht hast. Dir ist alles möglich. Ich weiß, dass du mich leitest, auch wenn ich nicht immer alles verstehe. Ich vertraue dir und will bereit sein, in den Hindernissen und Umwegen im Leben von dir zu lernen und mich von dir leiten zu lassen. Du meinst es gut mir mir und bist für mich.
Amen

Extra beschenkt
1. Mose 45-47

Holt euren Vater und eure Familien hierher! Ihr könnt in unserem fruchtbarsten Gebiet wohnen und das Beste essen, was es in Ägypten gibt! Sie sollen einige Wagen mitnehmen und damit euren Vater, die Frauen und die Kinder holen. Ihrem Besitz zu Hause brauchen sie nicht nachzutrauern. Hier bekommen sie das Beste, was wir haben!
1. Mose 45,18-20 | Die Bibel, Hoffnung für alle

Der Pharao von Ägypten beschenkte die ganze Familie Josefs. Er gab ihnen das Beste, was das Land zu bieten hatte. Diese Großzügigkeit ist außergewöhnlich. Die Gunst, die Josef beim Pharao genoss, war göttlich. Wie sonst wäre es zu erklären, dass der Herrscher Ägyptens eine fremde Sippe aufnahm und sie nicht nur mit dem Nötigsten zum Leben versorgte, sondern sie auch noch mit Segen überschüttete? Immerhin war Josef erst kurze Zeit vorher noch ein Sklave, dann ein Gefangener genau dieses Volkes.

Du musst wissen: Gott kann uns sogar durch unsere Feinde segnen, durch Widerstände und Menschen, die gegen uns sind. Menschen, die gegen uns sind, die schlecht über uns reden, die uns verraten oder hintergehen, kann Gott gebrauchen, um uns auf die nächste Ebene unseres Lebens zu führen. Auch wenn wir Herausforderungen, Widerstände oder Menschen, die uns schaden, nicht mögen, können sie durch Gottes Führung zum Segen werden. Es gibt eine Geschichte in der Bibel, die uns zeigt, wie der Feind im Leben eines jungen Hirten zum Segen wurde. Es ist die Geschichte von David und Goliath (siehe 1. Samuel 17).

Wenn Gott für mich ist, wer kann gegen mich sein?
Goliath war ein Riese aus dem Volk der Philister. Dieser Kämpfer war groß und furchteinflößend. Allein der Spitz seines Speeres wog über sechs Kilogramm. Jeden Tag, morgens und abends, forderte Goliath die Israeliten zum Kampf heraus, doch niemand traute sich, ihm entgegenzutreten. Eines Tages traf David auf Goliath, der Gott und die jüdische Armee verspottete. Und für David war klar: Hier muss jemand etwas tun! Er nahm die Herausforderung an und erklärte sich bereit, gegen Goliath zu kämpfen. Doch anstatt

eine schwere Rüstung zu tragen, entschied er sich, das zu nutzen, was er bereits hatte und kannte: seine Steinschleuder und sein Vertrauen auf den Gott Israels. David wusste, mit Gott ist alles möglich. Und so tötete er Goliath und hieb ihm den Kopf ab.

Während David gegen Goliath kämpfte, schaute Saul zu. Ohne dass David es wusste, wurde er von Saul beobachtet. Saul war beeindruckt von Davids Mut und fragte sich, wer Davids Vater war. Nachdem David Goliath besiegt hatte, brachte ihn Abner, der Heerführer, zu Saul. David hielt noch immer den Kopf des Philisters in der Hand. Von diesem Tag an behielt Saul David bei sich und ließ ihn nicht mehr nach Hause zurückkehren. Dank Goliath, dem Feind, der sich David in den Weg gestellt hatte, wurde David die Tür zum Königshof geöffnet. Ohne Goliath hätte David nie die Chance gehabt, an den Königshof zu kommen. Gott hat diesen Feind gebraucht, um David zu segnen und in seiner Bestimmung nach vorne zu bringen.

Auch in unserem Leben gibt es Feinde, die gegen uns sind und uns schaden wollen. Aber wir sollten daran denken, dass Gott sie gebrauchen kann, um uns zu segnen. Gott lässt Goliaths zu, um in uns neuen Glauben, neue Leidenschaft und neue Kraft zu wecken. Könnte es auch sein, dass unsere Feinde uns oft genauso segnen wie unsere besten Freunde, manchmal sogar mehr? Sie wecken in uns den Glauben, wieder an Gott und seinen Verheißungen festzuhalten, auch wenn sie uns betrügen oder uns schaden wollen. David beschreibt das in einem seiner Psalmen sehr schön:

Du lädst mich ein und deckst mir den Tisch vor den Augen meiner Feinde. Du begrüßt mich wie ein Hausherr seinen Gast und füllst meinen Becher bis zum Rand.
Psalm 23,5 | Die Bibel, Hoffnung für alle

Wenn Menschen gegen uns sind, dürfen wir wissen, dass Gott für uns und mit uns ist. Wir dürfen darauf vertrauen, dass Gott für uns eintritt und uns den Tisch deckt vor den Augen unserer Feinde. Wenn wir Gott die Treue halten, wird jeder sehen, dass er auf unserer Seite ist.

Gott beschenkt dich außerordentlich
Josef lebte seinen Traum. Er war der zweite Herrscher und einer der einflussreichsten Menschen der damaligen Welt. Man könnte meinen, es gäbe nichts Besseres. Aber Gott lässt sich nicht lumpen und ist außerordentlich großzügig. Josef erlebte die Freude, seine Familie wiederzusehen und sie nach Ägypten zu holen, wo sie wieder vereint waren.

Das ist eine Eigenart von unserem Gott im Himmel. Es entspricht seinem Wesen, über alle Maßen zu geben und uns zu beschenken. Er ist nicht kleinlich, weil er ein großer Gott ist und zu seinem Wort steht.

Der Dieb kommt, um zu stehlen, zu schlachten und zu vernichten. Ich aber bringe Leben – und dies im Überfluss.
Johannes 10,10 | Die Bibel, Hoffnung für alle

Jesus bringt das Leben in Fülle. Damit ist viel mehr gemeint, als dass es einem gut geht und einem nichts fehlt zum täglichen Leben. Er gibt uns das Leben im Überfluss. Dieser Überfluss kann ganz unterschiedlich aussehen: Freude, Gemeinschaft, Sinn, Gesundheit, Frieden, Hoffnung, Genuss, Fähigkeiten, Glauben usw.

Gesegnet, um ein Segen zu sein
Wenn du in deinem Traum langsam angekommen bist, heißt es nicht, dass die Reise zu Ende ist. Gott ist ein Geber. Gott ist dein Versorger. Und er liebt es, dich überreich zu beschenken. Aber nicht nur, damit du wie ein König lebst und keine Sorgen mehr hast. Er will, dass wir unseren Überfluss, wie Josef, mit unseren Nächsten teilen und den Segen weitergeben, den er uns geschenkt hat.

Ja, der Herr, euer Gott, wird euch segnen, wie er es versprochen hat. Ihr werdet vielen Völkern leihen, aber selbst nie etwas borgen müssen!
5. Mose 15,6a | Die Bibel, Neues Leben

Was für ein Gott, der uns segnet, trotz aller Umstände und Feinde, die sich gegen uns erheben. Und was für ein Privileg, selbst zum Segen für andere zu werden.

Deine Aufgaben
Nimm dir nun etwas Zeit, um die folgende Frage zu beantworten und die Aufgabe zu bearbeiten.
— Welche Feinde oder Hindernisse können dir zum Segen werden?
— Schreibe einmal auf, wo du schon jetzt für andere ein Segen bist.

Gebet
Lieber Vater. Du beschenkst mich jeden neuen Tag. Ich danke dir dafür. Du umsorgst mich und bist jederzeit großzügig. Ich staune darüber, was du alles in meinem Leben bis jetzt getan hast. Danke, dass du mir mehr als genug gibst. Danke, dass du mich segnest und mich selbst ein Segen sein lässt für andere.
Amen

Vaterliebe – geliebt und gesegnet
1. Mose 46-49

Er wird das Herz der Väter den Söhnen zuwenden und das Herz der Söhne den Vätern.

Maleachi 3,24a | Die Bibel, Neue evangelistische Übersetzung

Das Thema Väter löst bei uns allen immer etwas aus. Vielleicht hattest du eine wunderschöne Kindheit und hast deinen Vater als liebevoll und großzügig erlebt. Wenn du an deinen Vater denkst, geht dir das Herz auf und du fühlst dich geborgen und angenommen. Aber leider ist das nicht bei allen so. Viele Menschen haben erlebt, dass ihr Vater alles andere als liebevoll und fürsorglich war. Diese Väter hatten sicher nicht die Absicht, ihre Kinder schlecht zu behandeln. Aber es ist trotzdem passiert.

In der Geschichte von Josef lesen wir, wie sehr Josef es sich gewünscht hatte, dass sein Vater Jakob zu ihm nach Ägypten kommt. Er wollte nicht nur großzügig für ihn sorgen, sondern auch wieder bei und um ihn sein.

Unsere Väter prägen uns
Von klein auf fühlte er sich von seinem Vater geliebt, reich beschenkt und gesegnet. Als Jugendlicher hatte er eine Sonderstellung bei seinem Vater und spürte diese Wertschätzung. Nun war sein Vater sehr alt (130 Jahre) und kam zu ihm nach Ägypten. Josefs Sorge war, dass es ihm gut ging und er alles bekam, was er brauchte. Er suchte die Gemeinschaft mit ihm, stellte ihm seine eigene Familie vor, organisierte ihm Land, machte ihn mit dem Pharao bekannt und vieles mehr. Man spürt seine Verbundenheit und Beziehung zu seinem Vater.

Wie sieht es bei dir aus? Wie möchtest du deine Beziehung zu deinem leiblichen Vater haben und gestalten? Bist du bereit, daran zu arbeiten, Geld in die Hand zu nehmen oder einfach da zu sein und dich mitzuteilen? Es gibt viele verschiedene Arten und Formen von Vaterbeziehungen. Und vielleicht löst dieses Thema bei dir gerade eine Menge aus. Aber wie wir in den letzten Kapiteln gesehen haben, geht es Gott um unsere Freiheit und um Versöhnung. Wenn wir mit unseren Vätern versöhnt sind, hat das eine unglaubliche Kraft.

Sicherlich ist das nicht immer mit allen gleich möglich, denn es gehören stets zwei Parteien dazu. Aber so viel, wie du kannst, geh auf deinen Vater zu. Egal, ob das Verhältnis schon hervorragend ist oder nicht. Diese Beziehung zu deiner Familie hat Kraft und daraus kann Großes entstehen.

„Ehre deinen Vater und deine Mutter!" Dies ist das erste Gebot, das Gott mit einer Zusage verbunden hat: damit es dir gut geht und du lange auf dieser Erde lebst.
Epheser 6,2-3 | Die Bibel, Hoffnung für alle

Ehre Vater und Mutter
Ehre deinen Vater und deine Mutter, wie uns das Gebot lehrt. Ehre sie nicht, weil sie perfekt sind, sondern weil Gott sie auserwählt und gebraucht hat, um dich ins Leben zu bringen und aufwachsen zu lassen. Die Bibel verspricht dir, dass du ein langes und erfülltes Leben haben wirst, wenn du deine Eltern ehrst. Vielleicht war dein Vater gewalttätig, hat dich missbraucht oder war nie für dich da. Trotzdem solltest du ihn ehren – nicht für das, was er getan hat, sondern dafür, dass er dir das Leben geschenkt hat. Indem wir unsere Eltern ehren und das Gute in ihnen sehen, können wir uns auf Gottes Liebe und Vergebung konzentrieren und ein erfülltes und gesegnetes Leben führen. Nicht immer ist es möglich, eine Beziehung wieder aufzubauen, aber man kann Schritte in diese Richtung gehen. Um an deiner Beziehung zu deinen Eltern zu arbeiten, lasst uns die Geschichte von Josef anschauen und davon lernen.

Habe Gemeinschaft
Josef war es ein Anliegen, seinen Vater wiederzusehen. Er setzte alles daran, dass dies geschah. Wie ist es bei dir? Schaffst du Möglichkeiten, deinen Vater wiederzusehen und Zeit mit ihm zu verbringen? Wenn du schon etwas älter bist und vielleicht weit entfernt von deinem Elternhaus lebst, besuchst du ihn vielleicht 1x im Jahr. Und nun kannst du berechnen, wie oft du deinen Vater im Leben noch sehen wirst? Bleiben noch zehn Jahre, sind es gerade noch zehn Mal. Mache dich auf und ergreife die Initiative, um Möglichkeiten zu schaffen. Nutze hier auch den technischen Fortschritt und führe vielleicht ab und zu ein Videotelefonat.

Großzügigkeit
Josef setzte alles daran, dass es seinem Vater und seiner Familie gut ging. Er legte sich regelrecht ins Zeug. Sie sollten alles zu Hause lassen, da sie in Ägypten versorgt werden würden. Das beste Land stand ihnen dort zur Verfügung. Und das in einer Zeit, wo überall Mangel herrschte.
Wie großzügig bist du deinen Eltern gegenüber? Sie haben dir das Leben geschenkt und im optimalen Fall das Beste für dich gegeben. Du darfst auch großzügig zu ihnen sein. Vielleicht sind es Finanzen oder einfach deine Zeit, deine Hilfe und vor allem deine Liebe.

Rat und Segen
Jakob segnete seine Söhne und Enkelkinder. Dieser Segen war nicht nur ein schöner Wunsch, sondern er hatte Kraft, da er im Glauben ausgesprochen worden war. Diese Form des Gebets ist eindrücklich. Der liebende Vater, der seine Nachkommen segnet und ihnen Gutes wünscht.
Auch wenn dein leiblicher Vater nicht so liebevoll ist, wie du es dir wünschst: Du kannst ihn um seinen Segen oder Rat bitten. Das ist immer ein Geschenk. Wir sind uns bewusst, dass die Vaterbeziehung oft nicht einfach ist. Das kann verschiedene Gründe haben. Gerade auch, wenn ein Vater einen ablehnt, missbraucht hat oder einfach nicht anwesend war. Aber wir lesen in der Bibel noch von einem anderen Vater:

Vater der Waisen, Beistand der Witwen – das ist Gott in seiner heiligen Wohnung! Den Einsamen schafft er eine Familie, die Gefangenen führt er in Freiheit und Glück
Psalm 68,6-7 | Die Bibel, Gute Nachricht

Wie sehr dein irdischer Vater auch versagt haben mag – dein himmlischer Vater ist vollkommen und will dein Bestes!

Vielleicht hast du heute mit Dingen zu kämpfen, um die sich dein Vater hätte kümmern können. Wenn dein Vater dir gesagt hätte, dass er stolz auf dich ist, würdest du nicht drei Jobs haben, um ihm zu beweisen, dass du talentiert bist und um seine Liebe zu verdienen. Oder wenn dein Vater dir Aufmerksamkeit geschenkt hätte, dir das Gefühl gegeben hätte, etwas Besonderes zu sein, dir das Gefühl gegeben hätte, eine Prinzessin zu sein,

würdest du nicht von Mann zu Mann gehen und versuchen, die Anerkennung zu bekommen, die dein Vater dir hätte geben sollen.
Die Menschen haben vielleicht versucht, dich herabzusetzen, dir das Gefühl gegeben, weniger wert zu sein, aber der gute Vater im Himmel sagt: „Du bist ein Meisterwerk. Du bist wertvoll. Du bist wunderbar gemacht" (siehe Psalm 139).

Konzentriere dich nicht darauf, was dein irdischer Vater dir gegeben oder nicht gegeben hat. Sei nicht verbittert, weil andere dir vielleicht unrecht getan haben, weil sie nicht für dich da waren. Du magst einen schweren Start gehabt haben; die Chancen stehen gegen dich. Aber der Vater im Himmel sieht, was passiert ist. Er weiß, was du nicht bekommen hast. Er weiß, wer nicht für dich da war. Er hat den Schmerz, die Einsamkeit und die schlechten Erfahrungen gesehen – und er hat einen Plan mit dir. Darum lebe nicht länger mit einer Opfermentalität, gib deine Träume nicht auf. Denn der Vater im Himmel hat erstaunliche Dinge für deine Zukunft vorgesehen. Und wir glauben, dass er aus einem großen Durcheinander Großes hervorbringt.

Dein himmlischer Vater
Wenn du die oben genannten Punkte für eine bessere Beziehung zu deinem leiblichen Vater noch einmal im Hinblick auf deine Beziehung zu Gott als deinem Vater liest, wird dir das eine neue Sichtweise eröffnen. Auch bei ihm kannst du Möglichkeiten für echte Gemeinschaft schaffen. Sei auch ihm gegenüber großzügig: mit deinen Finanzen, deiner Zeit, deiner Liebe. Er will dich segnen und liebt es, dir Rat im Leben zu geben. Sein Wunsch ist es für dich, dass du aufblühst und zum Segen für andere werden kannst.

Deine Aufgaben
Nimm dir nun etwas Zeit, um die folgende Frage zu beantworten und die Aufgabe zu bearbeiten.
– Welche Schritte zu deinem leiblichen Vater oder auch zu deiner leiblichen Mutter könntest du gehen, um an eurer Beziehung zu arbeiten?
– Schreibe dir einmal auf, wie du die oben genannten Punkte gegenüber Gott als deinem Vater umsetzen könntest.

Gebet

Lieber Vater im Himmel. Ich danke dir, dass ich dein Kind sein darf. Du kennst mich durch und durch und weißt um alles, was mir passiert ist. Danke, dass du mir hilfst, befreit und gestärkt durchs Leben zu gehen. Bitte zeige mir, welche Schritte ich gehen kann, damit ich versöhnt mit meinem Vater und auch meiner Mutter leben kann. Danke, heilst du alle Verletzungen, die mir meine Eltern zugefügt haben. Danke, dass du mein vollkommener Vater bist.
Amen

Lebe mit Gott im Jetzt
1. Mose 37-50

> „Lebe im Hier und Jetzt. Die Vergangenheit ist vorüber, die Zukunft ungewiss.
> Nur im Jetzt kannst du wirklich leben und glücklich sein."
> Leo Tolstoi

Das Leben besteht aus Höhen und Tiefen, aus Freude und Schmerz. Oft sind wir versucht, in der Vergangenheit oder der Zukunft zu leben, statt uns auf das Hier und Jetzt zu konzentrieren. Doch es ist im Jetzt, wo wir Gottes Führung und Versorgung erfahren. Es ist im Jetzt, wo uns Gott begegnen will. Die Bibel erzählt die Geschichte von Josef, einem Mann, der trotz vieler Herausforderungen lernte, im Jetzt mit Gott zu leben. Die Josefgeschichte bietet uns wertvolle Lektionen und Inspiration, wie wir in unserem Leben im Jetzt mit Gott leben können.

Der Vater von Josef und dessen Familie war nun in Ägypten. Sie durften in einem der besten Landesteile leben und wurden vom Hof des Pharaos versorgt. Josef war der zweite Mann im Staat und koordinierte während der Hungersnot, die immer schlimmer wurde, die Versorgung des Landes. So wuchs nicht nur sein Ansehen und bestätigten sich seine Fähigkeiten und sein Traum, sondern auch das Vermögen des Pharaos wuchs. Josef erlebte wirklich das, was er vor Jahren als Teenager im Traum sah. Aber auch schon vorher, als sein Leben gezeichnet war von Leid und Unsicherheit, lebte er im ‚Jetzt'. Selbst als er in großen Schwierigkeiten war und alles drunter und drüber ging, lebte er sein Leben voll in der Gegenwart. Er war ‚jetzt' treu, diente, ließ ‚jetzt' an sich arbeiten und half den Menschen um sich. Und später freute er sich über alle Maßen, dass sein Vater wieder bei ihm war, genoss die Zeit, den Wohlstand und arbeitete weiterhin gut und aufrichtig.

Du bist am richtigen Ort
Oft denken wir über die Zukunft nach – dabei kümmert sich die Zukunft wenig um unsere Gedanken. Unsere Gedanken sind überall, nur nicht im Hier und Jetzt. Während meiner Ausbildung träumte ich (Leo): „Ich freue mich, wenn meine Ausbildung vorbei ist. Dann werde ich nicht mehr hier arbeiten!" Rückblickend

ist das nicht wirklich ein vorbildlicher Arbeitseifer. Denn auch wenn ich das Gefühl hatte, noch nicht an meinem Sweet Spot (meinem Ziel) angekommen zu sein, war Gott dort mit mir, genauso wie damals, als ich anfing, die Kirche zu leiten.

Der einzige Ort, wo Gott dir begegnen kann, ist da, wo du bist. Wir neigen dazu, zu beten: „Jesus, nimm alle Probleme von mir!" Aber Jesus antwortet: „Ich werde mit dir durch die Probleme hindurchgehen. Du wirst lernen, wenn ich bei dir bin. Ich bin alles, was du brauchst." Diese Einstellung zu entwickeln ist deshalb so wichtig, weil sie uns einerseits hilft, ein glücklicheres Leben zu führen, als wenn wir immer nur im Morgen leben. Andererseits ist sie die Voraussetzung dafür, dass wir durchhalten und den Glauben an das Morgen nicht aufgeben.

Isaak aus der Bibel grub drei Brunnen. Der erste hieß Esek, was ‚Streit' bedeutet. Als das Wasser floss, kamen Feinde und beanspruchten den Brunnen. Isaak zog sich zurück. Er grub einen zweiten Brunnen namens Sitna, was ‚Anfeindung' bedeutet. Wieder kamen Feinde, doch Isaak ließ ihnen auch diesen Brunnen. Schließlich grub er einen dritten Brunnen namens Rechobot, was ‚freier Raum' bedeutet. Als die Feinde sahen, dass Isaak nicht aufgab, ließen sie ihn in Frieden. Wenn du bei der ersten Krise aufgibst, hat der Feind gewonnen. Gib nicht auf, bleib dran. Das Entscheidende ist, durchzuhalten. Anfangen ist einfach, etwas zu Ende bringen ist herausfordernd.

Ich bin seit vielen Jahren Pastor. Viele Menschen kamen und gingen. Doch zwei Dinge sind immer noch gleich wie am Anfang: Jesus und ich. Was bedeutet das? Ich bin nicht davongelaufen. In der Kirche arbeiten ist nicht immer einfach. Nicht alle Menschen sind freundlich oder unterstützend. Aber es ist wichtig, dranzubleiben und auszuharren. Das bringt den größten Segen.
Egal um welchen Bereich es sich bei dir handelt, gib nicht auf. Denn wenn du durchhältst, wirst du die Früchte deiner Bemühungen genießen können.

Nimm dein Land ein
Bei der Landverteilung der zwölf Stämme in der Bibel gab es Unstimmigkeiten unter dem Volk. Das Stammesgebiet von Ephraim war nicht besonders attraktiv. Es war kein Premium-Teil von Kanaan – eher ein zäher, knorpeliger Teil. Ephraim beschwerte sich lautstark über Bäume, Hügel und Feinde. Josua gab ihm eine Vision:

Das Gebirge soll euch gehören, den Wald dort werdet ihr roden. Auch das Hügelland werdet ihr erobern und die Kanaaniter vertreiben, selbst wenn sie stark sind und eiserne Kriegswagen besitzen.
Josua 17,18 | Die Bibel, Hoffnung für alle

Kennst du das? Du betest: „Gott, ich möchte mehr Verantwortung, ich möchte mehr erreichen!" Gott antwortet: „Nutze zuerst das, was ich dir gegeben habe, und hol das Maximum heraus!" Der Stamm Ephraim wollte etwas anderes, anstatt das Beste aus dem zu machen, was vor seinen Füßen lag. Josua sagte zu Ephraim: „Fälle die Bäume, dann hast du mehr Land. Schaffe den Berg beiseite, dann hast du noch mehr Land. Vertreibe die Feinde, dann hast du Land zum Leben! Du brauchst kein anderes, größeres oder besseres Land. Nimm das, was ich dir gegeben habe, und vergrößere es selbst, indem du deine Hände schmutzig machst."

Die meisten Menschen wollen direkt auf der Bühne stehen, aber sie sollten zuerst lernen, wie man eine Bühne aufbaut. Viele wünschen sich eine funktionierende und romantische Beziehung, sind aber nicht bereit, in ihrem Leben Platz für einen Partner zu machen und offen zu sein für ein wahres Gegenüber. Manche wollen ihr eigener Chef sein, haben aber nie gelernt, pünktlich zur Arbeit zu erscheinen. Sie wollen den schnellen Erfolg, aber nicht das ‚Land ebnen', was sie schon längst haben.

Vor einiger Zeit fragte ich mich: „Warum lebe ich in der Schweiz?" Schweizerdeutsch wird von etwa vier Millionen Menschen verstanden – eine kleine Sprachgruppe. Deutsche machen sich über uns lustig und behaupten, wir hätten alle eine Sprachstörung. Meine Gebete hörten sich ungefähr so an: „Herr, es ist lächerlich. Wir sind eine Kirche, die in ganz Europa Gemeinden gründet, aber niemand versteht unsere Sprache! Wenn ich in London leben würde, könnte die ganze Welt mich verstehen. Warum lebe ich in Zürich, einer kleinen Stadt mit einer seltsamen Sprache?" Gott antwortete: „Dann fälle die Bäume, verschiebe die Berge und vertreibe die Feinde!" Meine ‚Bäume' sind meine Sprache. So begann ich, in einem unserer Gottesdienste auf Hochdeutsch zu predigen. Wenn man in Zürich auf der Bühne Hochdeutsch predigt, muss man selbstbewusst sein. Es erfordert Mut. Beim ersten Mal starrten mich die Leute an, als wäre ich ein Außerirdischer. Ich erklärte ihnen, dass ich meine Zunge strapazierte, damit mich hundert Millionen Menschen im deutschsprachigen Europa verstehen können. Mein Hochdeutsch ist reine Comedy, aber Lachen ist gesund und Humor göttlich. Wenn Gott es nutzen kann, bitte! Heute sehe ich die unglaubliche Frucht, die daraus entstanden ist. Durch die Pandemie ist das ICF Zürich so stark gewachsen wie noch nie. Durch die Online-Präsenz und die Umstellung auf Hochdeutsch konnten wir gerade in der Zeit, als fast alle Kirchen keine Gottesdienste durchführen konnten, einen Online-Gottesdienst anbieten. Dadurch sind Menschen zum Glauben gekommen und es haben sich kleine ‚Micro-Churches' gebildet, die nun mit uns verbunden sind. Durch das, was einfach da war, durch das ‚Ebnen des Landes', konnten wir als ganze Kirche sehen, wie ein Segen für andere und auch uns selbst entstanden ist.

Was hast du heute? Wie kannst du die Dinge, Umstände und Möglichkeiten heute nutzen? So oft sehen wir in die Zukunft, wünschen uns etwas anderes, anstatt mit dem zu arbeiten, was wir heute, im Hier und Jetzt, haben. Josef tat das in seinem Leben. Er setzte seine Fähigkeiten im Gefängnis ein und ‚ebnete dort das Land' mit dem, was er gerade hatte. Und genauso tat er es später als anerkannter Staatsmann, der den Menschen in einer der größten Hungersnöte half. Unterschätze nicht dein ‚Heute'. Unterschätze nicht dein ‚Hier'.

Deine Aufgaben
Nimm dir nun etwas Zeit, um die folgende Frage zu beantworten und die Aufgabe zu bearbeiten.
− Wie kannst du jeden Tag besser im Hier und Jetzt leben?
− Schreibe dir einmal auf, was es für dich bedeutet, ‚dein Land zu roden / fruchtbar zu machen'?

Gebet
Lieber Vater im Himmel. Ich danke dir, dass du jetzt und hier bei mir bist. Das will auch ich sein: Heute ganz mit dir leben. Bitte hilf mir, dass ich das, was du mir heute gegeben hast, nutzen kann, damit es Frucht bringt. Danke, dass du mich segnest und mich für andere zum Segen machst. Ich lasse mich ganz auf dich ein und vertraue dir.
Amen

...STEHT FEST

Was Gott beschlossen hat, das steht fest
1. Mose 50,15-21

> Sie ließen Josef ausrichten: „Dein Vater hat uns vor seinem Tod die Anweisung gegeben: ‚Bittet Josef, dass er euch verzeiht und euch nicht nachträgt, was ihr ihm angetan habt.' Deshalb bitten wir dich: Verzeih uns unser Unrecht! Wir bitten dich bei dem Gott deines Vaters, dem auch wir dienen!" Als Josef das hörte, musste er weinen. Danach gingen die Brüder selbst zu Josef, warfen sich vor ihm zu Boden und sagten: „Wir sind deine Sklaven!" Aber Josef erwiderte: „Habt keine Angst! Ich werde doch nicht umstoßen, was Gott selbst entschieden hat! Ihr hattet Böses mit mir vor, aber Gott hat es zum Guten gewendet; denn er wollte auf diese Weise vielen Menschen das Leben retten. Das war sein Plan, und so ist es geschehen."
>
> 1. Mose 50,16-20 | Die Bibel, Gute Nachricht

Wenn Gott eine Tür öffnet, kann sie niemand schließen. Kein Mensch kann dich von deiner Bestimmung abbringen, kein Hindernis kann verhindern, dass Gottes Plan für dich in Erfüllung geht. Vielleicht hast du das Gefühl, dass du vor einer verschlossenen Tür stehst, dass du körperlich oder seelisch nicht gesund werden kannst, dass du in deinem Beruf hart arbeitest, aber nicht weiterkommst, oder dass in deinen Beziehungen alles zum Scheitern verurteilt ist. Lass dich ermutigen – diese verschlossenen Türen sind nicht von Dauer.

Der Feind kontrolliert deine Türen nicht, Menschen kontrollieren deine Türen nicht, Angst, Sucht und Depression kontrollieren deine Türen nicht – der Allerhöchste Gott ist der Hüter deiner Türen. Er entscheidet, welche sich öffnen und welche sich schließen. Und wir glauben, dass du erleben wirst, wie sich Türen plötzlich öffnen, die lange verschlossen waren. Du kannst es nicht erklären, du hast es nicht kommen sehen, aber plötzlich wird deine Gesundheit besser, plötzlich triffst du den richtigen Menschen, plötzlich kommt dein Geschäft in Schwung. Was ist passiert? Der Türhüter hat eingegriffen. Darum mach dich auf ein paar offene Türen gefasst.

Was Gott beschlossen hat, das zieht er durch
Die Brüder von Josef hatten Angst, dass nach dem Tod ihres Vaters sich Josef doch noch entscheiden würde, ihnen übel mitzuspielen. Sie konnten nicht

glauben, dass er ihnen wirklich vergeben hatte. Sie nahmen an, solange ihr gemeinsamer Vater noch am Leben war, tat er ihnen ihm zuliebe nichts an. Wir lesen, dass Josef weinen musste, als er hörte, was seine Brüder beschäftigte. Wir können nur erahnen, welche Gefühle in diesem Moment bei ihm hochkamen. Es tat ihm sicher weh, dass sie ihm nicht glauben konnten, dass er ihnen längst vergeben hatte. Denn Josef hatte etwas Wichtiges erkannt und verhielt sich dementsprechend schon seit ihrer Ankunft so: Gott hat einen Plan und hat das Böse ins Gute verwandelt.

Josef wollte sich nun nicht gegen Gottes Absichten stellen und womöglich diese ‚Tür', die Gott geöffnet hatte, versuchen wieder zu schließen. Seine Brüder hatten sich alles andere als korrekt verhalten, doch er hat ihnen vergeben und wollte sie nun mit allem versorgen, was sie benötigten.

Der Herr, der Allmächtige, hat es beschlossen – wer kann es verhindern? Wer kann ihn zurückhalten, wenn er seine Hand erhebt?
Jesaja 14,27 | Die Bibel, Neues Leben

Wenn Gott etwas vorhat, dann steht das fest. Josef war sich dessen bewusst und lebte danach. Er hatte gesehen, wie Gott ihn führte und wie daraus ein Segen für seine Familie, sein eigenes Volk und auch für Ägypten wurde.

Vielleicht gibt es in deinem Leben Türen, die lange verschlossen schienen. Aber heute ist ein neuer Tag und Gott wird sich in deinem Leben offenbaren. Ob ein großer Durchbruch, ein Hauch seiner Gnade, eine neue Gelegenheit oder eine Heilung; für Gott ist nichts zu groß. Darum sollten wir, anstatt das Negative zu erwarten, täglich mit dem Eingreifen Gottes in unserem Leben rechnen. Du darfst deine Angst eintauschen gegen Glauben. Glaube daran, dass Gott es immer noch gut meint mit dir und dich nicht vergessen hat.

Bleibe Gott treu
Josef hatte vergeben, denn er vertraute Gott durch und durch. Seine Brüder hatten nichts zu befürchten, denn er erkannte Gottes Plan in seinem Leben. Und darum blieb er Gott weiterhin treu und gehorsam.
In dem oben genannten Jesaja-Vers wird die absolute Macht und Autorität Gottes betont. Was immer Gott beschlossen hat, wird auch geschehen, und

niemand kann seine Pläne durchkreuzen. Seine Hand ist ausgestreckt und niemand kann sie abwenden. Gott ist nicht nur allwissend und allmächtig, sondern auch vollständig souverän und hat die Kontrolle nicht verloren über dem, was in dieser Welt geschieht. So macht es keinen Sinn, sich gegen ihn, seine Ideen oder Gebote zu stellen. Er öffnet oder schließt die Türen in deinem Leben. Diese Gewissheit sollte uns großen Frieden geben, denn sie hilft uns, die Kontrolle loszulassen und sie ihm zu überlassen.

Macht euch keinerlei Sorgen, sondern bringt alle eure Anliegen im Gebet mit Bitte und Danksagung vor Gott! Und der Frieden Gottes, der alle menschlichen Gedanken weit übersteigt, wird euer Herz und euer Denken in Christus Jesus bewahren.
Philipper 4,6-7 | Die Bibel, Neue evangelistische Übersetzung

Überlass dem Herrn die Führung deines Lebens und vertraue auf ihn, er wird es richtig machen.
Psalm 37,5 | Die Bibel, Neues Leben

Bleib treu, auch im Erfolg
Wenn dein Traum nun vor dir steht und du mit ihm lebst, dann bleibe bei deinen Wurzeln: Mit Gott verbunden. Dein Erfolg und dein Traum, den du jetzt in den Händen halten darfst, soll dich daran erinnern, wir großartig Gott ist. Mach nicht den Fehler, sobald du deine Bestimmung erreicht hast, eigene Wege zu gehen. Erlieg nicht der Versuchung, es ab jetzt auf eigene Faust zu probieren, sondern bleibe auch im Erfolg Gott und seinen Werten treu.

Vertraue auf Gottes Plan in deinem Leben
Weil Gott dein Leben in der Hand hält, weiß er um all das, was passiert. Er führt und leitet dich.

Und wir wissen, dass für die, die Gott lieben und nach seinem Willen zu ihm gehören, alles zum Guten führt.
Römer 8,28 | Die Bibel, Neues Leben

Dieser Vers spricht von der Verheißung, dass Gott alles, was in unserem Leben geschieht, zum Besten für uns lenken wird. Das bedeutet nicht, dass alles, was uns widerfährt, unbedingt gut ist, oder dass wir es sofort verstehen. Aber es bedeutet, dass wir darauf vertrauen können, dass Gott seine Pläne für uns und für die Welt im Blick hat, und dass er sie letztendlich zum Guten führen wird. Gott ist souverän und seine Pläne stehen fest. Gleichzeitig können wir darauf vertrauen, dass Gott alles, was in unserem Leben geschieht, zu unserem Besten lenken wird, wenn wir ihm vertrauen und ihm gehorchen. All das bedeutet, dass wir uns in schweren Zeiten auf Gott verlassen können. Er wird uns nicht im Stich lassen. Verzweifle nicht, wenn du mit Schwierigkeiten konfrontiert bist, denn Gott ist bei dir und wird alles zum Guten lenken. Vertraue auf seine Verheißungen und sei gespannt darauf, wie seine Wunder sich in deinem Leben zeigen werden. Denke daran, dass Gott dich geschaffen hat und dass er einen Plan für dein Leben hat. Wenn du ihm gehorchst und dich auf ihn verlässt, wird er dich zu dem Ort führen, an dem er dich haben möchte.

Es ist wahr, dass es manchmal schwierig sein kann, Gott zu vertrauen und ihm zu gehorchen. Aber halte dich an seine Verheißungen und vertraue darauf, dass er souverän über deinem Leben ist. Gott wird dich durch alle Herausforderungen hindurchführen, wenn du dich auf ihn verlässt.

Gott kommt mit dir zum Ziel
Wenn Gott mit dir von A nach B möchte, wird dies passieren. Wenn er einen Traum für dein Leben hat, wird dieser Wirklichkeit werden. Gott weiß doch um dich und was dir wirklich guttut. Er hat Wunderbares für dich im Sinn. Verschlossene Türen sind für Gott kein Hindernis. Nicht die Türen der Umstände, von anderen Menschen oder auch deine eigenen. Gott ist souverän und führt dich liebevoll und klar zu dem Ziel, das er mit dir hat. Mit ihm bist du in der Lage, Dinge zu tun, die dir im Moment noch unmöglich erscheinen. Darum halte dich an ihn!

Denn mit dir kann ich Wälle erstürmen und mit meinem Gott über Mauern springen.
Psalm 18,30 | Die Bibel, Luther 2017

Deine Aufgaben
Nimm dir nun etwas Zeit, um die folgende Frage zu beantworten und die Aufgabe zu bearbeiten.
- Wie einfach fällt es dir bei Erfolg, Gott treu zu bleiben?
- Schreibe dir einmal auf, welche Hindernisse für dich noch im Weg sind für deinen Traum. Besprich das mit Gott.

Gebet
Lieber Vater im Himmel. Ich danke dir, dass du einen Plan für mein Leben hast und mit mir zum Ziel kommen wirst. Danke, dass du alles in meinem Leben nutzt, um mich richtig und gut zu führen. Bitte hilf mir, dir zu vertrauen und treu zu bleiben. Denn du meinst es sehr gut mit mir. Ich liebe dich. Amen

Hoffnung über den Tod hinaus
1. Mose 50,22-26

„Bald werde ich sterben", sagte Josef zu seinen Angehörigen, „aber Gott wird euch ganz bestimmt aus diesem Land führen. Er wird euch in das Land zurückbringen, das er Abraham, Isaak und Jakob mit einem Eid versprochen hat."
1. Mose 50,24 | Die Bibel, Neues Leben

Das Leben von Josef endet mit Hoffnung. Er vertraute und glaubte Gott, dass er nicht nur ihn führen, sondern auch sein Versprechen gegenüber seinen Vorfahren einhalten würde. Für Josef war klar, dass seine Geschichte nicht mit seinem Tod endete. Seine Nachkommen und die Ewigkeit hatten einen großen Stellenwert für ihn. Gott hatte Josef einen Traum gegeben, damit sein ganzes Volk überleben konnte. Sein Traum trug Früchte weit über seinen Tod hinaus.

Du lebst für die Ewigkeit
Das Leben hier auf Erden ist nicht das Ende, sondern der Anfang. Es ist die Vorbereitung auf das Nächste, auf das Leben in der Ewigkeit. Die Zeit, die wir hier verbringen, ist wie eine Probe für das eigentliche Spiel. In der Ewigkeit werden wir viel mehr Zeit verbringen als hier auf der Erde. Wenn wir 100 Jahre hier auf der Erde verbringen, ist das nur ein kleiner Vorgeschmack auf die Ewigkeit, und du bist für die Ewigkeit geschaffen. Gott hat uns mit einem angeborenen Instinkt ausgestattet, der uns nach Unsterblichkeit streben lässt.

Er hat alles schön gemacht zu seiner Zeit, auch hat er die Ewigkeit in ihr Herz gelegt; nur dass der Mensch nicht ergründen kann das Werk, das Gott tut, weder Anfang noch Ende.
Prediger 3,11 | Die Bibel, Luther 2017

Wir haben das Gefühl, dass wir ewig leben sollten, weil Gott uns so geschaffen hat, um ewig zu leben. Und ist es nicht interessant, dass, obwohl wir alle sterben werden, der Tod für uns unnatürlich und ungerecht zu bleiben scheint? Aber es gibt eine gute Nachricht: Unser irdischer Körper mag sterben, aber unsere Seele lebt weiter. Der Tod ist für uns nicht das Ende. Wir haben einen

‚himmlischen Körper', der auf uns wartet. Wenn unser irdischer Körper zerfällt wie eine baufällige Hütte, werden wir einen neuen Körper erhalten und eine Wohnung, die für uns in der Ewigkeit bereitgehalten wird. Wir können darauf vertrauen, dass Gott alles gut gemacht hat. Die Zeit, die wir hier auf der Erde verbringen, ist nur ein kleiner Teil unseres eigentlichen Lebens. ==Wir sollten uns darauf konzentrieren, für die Ewigkeit zu leben und uns auf das vorzubereiten, was kommt.==

Dein Traum, den du mit Gott zur Wirklichkeit hast werden lassen, hat Einfluss nach deinem Leben hier auf dieser Erde. Zum einen für die Menschen, denen du dadurch dienst. Aber auch durch das, was in Ewigkeit bleibt: Die Menschen, die Gott gefunden haben; deinen ‚Lohn' für deine Arbeit; deine Entwicklung als Mensch uvm.

Wie ist es in der Ewigkeit?
Wie wird die Ewigkeit sein, die wir bei Gott erleben werden? Ehrlich gesagt ist unser Gehirn nicht in der Lage, die Wunder und die Großartigkeit des Himmels zu erfassen. Genauso aussichtslos ist es, einem Ameisenvolk das Internet zu erklären. Die Ewigkeit Gottes ist so unbeschreiblich, dass es keine Worte gibt, die sie auch nur annähernd erfassen könnten.

> *Aber es ist passiert, wie es in der Schrift heißt: Kein Auge hat je gesehen, kein Ohr je gehört und kein Verstand je erdacht, was Gott für diejenigen bereithält, die ihn lieben.*
> 1. Korinther 2,9 | Die Bibel, Neues Leben

Aber Gott gibt uns in seinem Wort einen kleinen Einblick in die Ewigkeit. Er bereitet schon jetzt eine ewige Heimat für uns vor, in der wir mit unseren Lieben und allen, die an Jesus Christus geglaubt haben, vereint sein werden. Dort wird es keine Tränen, kein Leid und keinen Schmerz mehr geben. Wir werden für unsere Treue in dieser Welt belohnt werden und Aufgaben erfüllen, die uns wahre Freude bereiten. Im Himmel werden wir nicht einfach auf Wolken sitzen und Harfe spielen, sondern wir werden uns an der ewigen Gemeinschaft mit Gott freuen, der uns unendlich liebt. Eines Tages wird Jesus Christus zu uns sagen:

„Kommt, ihr seid von meinem Vater gesegnet, ihr sollt das Reich Gottes erben, das seit der Erschaffung der Welt auf euch wartet."
Matthäus 25,34 | Die Bibel, Neues Leben

Auf den letzten Seiten seiner Kinderbuchreihe ‚Die Chroniken von Narnia' hat C. S. Lewis das Wesen der Ewigkeit verstanden und beschrieben. Für die Figuren in Narnia sind ihr ganzes Leben und all die Abenteuer, die sie auf der Erde und in Narnia erlebt haben, nur das Deckblatt der wahren Geschichte. Ja, Gott hat eine Bestimmung für unser Leben auf dieser Erde, aber es endet nicht hier. Sein Plan umfasst mehr als die wenigen Jahrzehnte, die wir auf diesem Planeten verbringen. ==Wir sollten uns auf die Ewigkeit vorbereiten und nicht so leben, als gäbe es den Tod nicht.== Wenn wir durch Jesus Christus eine Beziehung zu Gott haben, brauchen wir den Tod nicht zu fürchten. Jesus ist die Tür zur Ewigkeit. Unsere Zeit auf dieser Erde ist im Vergleich zur Ewigkeit nur ein Wimpernschlag, aber ein Wimpernschlag mit ewigen Folgen. Unser Handeln in diesem Leben bestimmt unser Schicksal im ewigen Leben. Wir sollten jeden Tag so leben, als wäre es unser letzter, und uns auf unseren letzten Tag vorbereiten.

Wenn du verstehst, dass das Leben nur eine Vorbereitung auf die Ewigkeit ist, wirst du anders leben und deine Prioritäten neu ordnen. Dein Handeln lässt eine Saite der Ewigkeit erklingen. Der Tod ist kein Ende, sondern ein Übergang. Um das Beste aus seinem Leben zu machen, muss man immer die Ewigkeit im Blick haben.

Lebe deinen Traum für die Ewigkeit
Josef lebte den Traum, den er von Gott erhalten hatte. Er ließ sich führen, leiten und arbeitete beständig an sich. Durch seine Hingabe rettete er seine Familie, sein Volk und ganz Ägypten. Die Hoffnung, die er über seinen Tod hinaus hatte, wird auch uns heute zum Vorbild. Denn auch du kannst durch deinen Traum die Ewigkeit verändern.

Deine Aufgaben

Nimm dir nun etwas Zeit, um die folgende Frage zu beantworten und die Aufgabe zu bearbeiten.

- Was würde sich an deinem Verhalten verändern, wenn du dein Leben aus der Perspektive der Ewigkeit anschauen würdest?
- Schreibe dir einmal auf, welche Auswirkungen dein Traum über deinen Tod hinaus haben könnte.

Gebet

Lieber Vater. Danke, dass du für immer bei mir sein willst. Danke, dass du die Gemeinschaft mit mir schätzt. Ich will schon heute mein Leben im Bewusstsein leben, dass ich einmal bei dir sein werde. Danke, dass du mir hilfst, jeden neuen Tag die richtigen Entscheidungen zu treffen. Danke, dass du mich brauchst, damit dein Traum für mich über meinen Tod hinaus einen Ewigkeitswert hat. Ich liebe dich.
Amen

Die Autoren

Leo Bigger und seine Frau Susanna sind die Senior Pastoren von ICF Zürich, einer Kirche mit wöchentlich mehreren Tausend Besuchern vor Ort und Zehntausenden online. Sie sind seit 1991 miteinander verheiratet und Eltern von zwei erwachsenen Söhnen. Gemeinsam leben sie in der Nähe von Zürich. Sie versuchen bewusst, so authentisch und überzeugend zu leben, dass sie ein Vorbild sein und zusammen mit ihrem Team die Kirche immer wieder neu erlebbar machen können. Damit wollen sie so viele Menschen in der Schweiz und in ganz Europa wie möglich inspirieren.

Im Jahr 1996 gründeten Leo und zwei weitere Pastoren ICF Zürich. Damit verwirklichten sie den Traum einer „Kirche am Puls der Zeit", wo Menschen Jesus begegnen und ein Zuhause finden können. Heute gehört ICF mit bereits über 75 Kirchen zu einer der größten kirchlichen Bewegungen in Europa.

Leo ist Autor mehrerer Bücher, Gastredner im In- und Ausland und TV-Prediger auf diversen deutschsprachigen Fernsehsendern (icf.church/tv). Er begeistert und motiviert die Leute durch seine leidenschaftliche, humorvolle und unkomplizierte Art.

Susanna leitet mit der ICF Ladies Lounge eine der größten Konferenzen für Frauen im deutschsprachigen Raum. Ihre bewundernswerte, authentische und jahrelange Beziehung zu Jesus sowie ihre treue Leiterschaft im ICF bewegen seit über 25 Jahren viele Menschen.

leobigger.com | susannabigger.com | icf.church | icf.ch

Bete wie niemals zuvor! – 31 inspirierende Gebets ideen für deinen Alltag

In zweiter überarbeiteter Ausgabe.
Hast du dir auch schon unzählige Male vorgenommen, mehr zu beten, aber es gelingt dir nicht? Sehnst du dich nach einer tieferen Beziehung zu unserem großen Gott, aber es klappt irgendwie nicht so richtig? Dann ist dieses kreative Gebetsbuch genau für dich!

„Not lehrt beten!", sagt man. Das können wahrscheinlich viele unterschreiben. Wer hat sich noch nie in einer schwierigen Situation, vielleicht sogar auf den Knien, wiedergefunden und ein mehr oder weniger inniges Gebet gen Himmel geschickt? Gebet ist viel mehr als bloß ein SOS-Notrufsystem, um mit Gott in Kontakt zu treten. Gebet muss nicht langweilig sein. Im Gegenteil: es ist etwas vom Kraftvollsten und Schönsten im Leben mit Gott!

Leo und Susanna Bigger stellen dir in den folgenden 31 Kapiteln verschiedene Gebetsstile vor. Nach einer kurzen Einführung wird es jedes Mal ganz praktisch. Schritt für Schritt wirst du von ihnen durch das jeweilige Gebet geführt und erhältst eine Anleitung dazu. Neben Bibelstellen und Zitaten findest du auch Anregungen zum Weiterdenken.

Mehr Infos zum Buch:
icf.church/bete-wie-niemals-zuvor

Lebe wie niemals zuvor! – 31 inspirierende Ideen für ein erfülltes Leben

Für unser Leben gibt es das vollkommene Vorbild: Jesus. Ihm immer ähnlicher zu werden und in seiner Nachfolge zu leben, sind die großen Lebensthemen. Aber was sind die konkreten Schritte für ein Leben, wie es Jesus geführt hat? Wie transformieren wir sein Beispiel in unseren Alltag und in die heutige Gesellschaft? Susanna & Leo Bigger haben die fünf wichtigsten Lebensbereiche Glaube, Beziehungen, Arbeit, Ressourcen & Gesundheit durch die Brille der Bibel angeschaut. Herausgekommen sind 31 konkrete Schritte, wie du das Leben führen kannst, nach dem du dich sehnst.

Mehr Infos zum Buch:
icf.church/lebe-wie-niemals-zuvor

Bibellesen wie niemals zuvor! – 31 inspirierende Ideen die Bibel neu zu entdecken

Fast alle von uns haben mit dem Lesen der Bibel schon Erfahrungen gemacht. Für die einen ist die Auseinandersetzung mit Gottes Wort eine wahre Bereicherung, für die anderen jedoch eine Qual. Leo und Susanna Bigger haben dieses Buch geschrieben, weil sie überzeugt sind, dass Gott sich in der Bibel wirklich zeigt und eine Begegnung mit ihm immer wohltuend, ermutigend und hilfreich ist. Denn in der Bibel offenbart Gott sein Herz und spricht uns direkt an.

„Bibellesen wie niemals zuvor!" soll dich mit 31 erfrischenden Ideen unterstützen, wie du die Bibel auf neue Art entdecken und lesen kannst. Du wirst in diesem Buch ermutigt, durch die Bibel unseren großen Gott näher kennenzulernen und darüber staunen, was er heute noch über deinem Leben verheißen hat.

Mehr Infos zum Buch:
icf.church/bibellesen-wie-niemals-zuvor

Das Abendmahl neu entdecken – 31 praktische Tipps für deine Zeit mit Gott

Jesus hat das Abendmahl mit seinen Jüngern gefeiert und ihnen aufgetragen, dieses Ritual weiter auszuführen. Zweitausend Jahre später mag das Abendmahl auf einige von uns wie ein eigenartiges und verwirrendes Ritual wirken. Andere wiederum sehen darin lediglich einen religiösen Brauch und übersehen dabei die größere Bedeutung und die darin verborgenen Geheimnisse.

„Das Abendmahl neu entdecken" von Leo und Susanna Bigger ist ein praktisches und inspirierendes Buch, das dich dazu ermutigt, deine tägliche Zeit mit Gott zu vertiefen. Es eignet sich sowohl für Menschen, die das Abendmahl zum ersten Mal feiern wollen, als auch für diejenigen, die ihre Erfahrungen damit vertiefen möchten.

Mit den 31 praktischen Anleitungen wirst du lernen, wie du das Abendmahl in deinen Alltag integrieren kannst und du darfst entdecken, wie Gottes Verheißungen in deinem Leben sichtbar werden können.